portrait

Herausgegeben von Martin Sulzer-Reichel

Detlev Arens, geboren 1948, studierte in Köln Germanistik, Philosophie und Theaterwissenschaften. Er promovierte über Arthur Schnitzler und hat seither einige Veröffentlichungen über die Prager deutschsprachige Literatur vorgelegt. Heute lebt und arbeitet er in Bonn als freier Autor und Lektor.

Franz Kafka

von Detlev Arens

Deutscher Taschenbuch Verlag

Weitere in der Reihe dtv portrait erschienene Titel
am Ende des Bandes

Originalausgabe
April 2001
© Deutscher Taschenbuch Verlag GmbH & Co. KG, München
www.dtv.de
Umschlagkonzept: Balk & Brumshagen
Umschlagfotografie © AKG, Berlin
Satz und Layout: Agents – Producers – Editors, Overath
Druck und Bindung: APPL, Wemding
Gedruckt auf säurefreiem, chlorfrei gebleichtem Papier
Printed in Germany   ISBN 3–423–31047–2

Inhalt

1 Franz Kafka. Dieses letzte Bild des Autors entstand 1923/24 während seines Sanatoriumaufenthaltes in Kierling bei Wien.

Kafka, Prag und Marktwirtschaft

Es sind nicht unbedingt Kafka-Leser, die das Konterfei des Autors auf dem T-Shirt tragen. Was heute in Prag von mancher Touristenbrust sieht, ist wie selbstverständlich jenes Portrait mit dem besonders melancholischen Blick und den scharf ausgeleuchteten Wangenknochen. Es läßt an einen aus der Sippe Nosferatus denken. Und das bei Kafka, dessen Krankheit zum Tode mit »Bluthusten« begann.

Kafka gibt es natürlich auch auf Ansichtskarten, ebenso als Puzzle, was sicher kein Kommentar zur historisch-kritischen ›Proceß‹-Ausgabe sein will. Ein Souvenir eben, ein Andenken wie viele andere auch, ein bekanntes und überdies publikumswirksames Gesicht. Kafka meint hier das schnelle Geld, das dank der westlichen Variante des Personenkults laufen gelernt hat. Letztere gehört zur konsumkonformen Weise der Geschichtsvernichtung.

Andererseits ist Franz Kafka ein Held der neuen Zeit. Nach der »Samtenen Revolution« kann die tschechische Metropole den Autor mit einigem Recht zu den ihren zählen. Jedenfalls hatten sich an ihm zu Zeiten des realen Sozialismus die Geister geschieden. Laut Parteidoktrin war er (lange) ein Vertreter der westlichen Dekadenz, der dem Proletariat auf seinem Weg zur Weltherrschaft rein gar nichts zu sagen habe. Die Konferenzen über die Prager deutsche Literatur der Jahre 1963/1965 entdeckten den Autor neu. Sie wiesen schon auf den Prager Frühling voraus, auf einen »Sozialismus mit menschlichem Antlitz«. Ihm galt Kafka nicht länger als schwächlicher Nihilist, sondern als revolutionärer Kritiker kapitalistischer Entfremdung.

Die Referate der **Konferenz 1965** auf Schloß Liblice, der Residenz des tschechoslowakischen Schriftstellerverbandes, wurden deutsch unter dem Titel ›Weltfreunde. Konferenz über die Prager deutsche Literatur‹ 1967 veröffentlicht. (Der Titel spielt auf den berühmten Gedichtband Franz Werfels an.) Herausgeber war Eduard Goldstücker, Literaturprofessor an der Prager Universität. Er mußte 1968 ins Exil, 1974 wurde ihm die tschechoslowakische Staatsbügerschaft entzogen (1990 – nach dem Ende der Sozialistischen Republik – erhielt er sie wieder zurück).

2   Kakfa als Kultfigur: Graffito in Prag

Wer nun Prag in den siebziger, ja selbst in den achtziger Jahren häufiger besuchte, lernte den realen Sozialismus auch als Käseglocke kennen. Eine Weltordnung, die sich den gesellschaftlichen Wandel auf ihre Fahnen geschrieben hatte, stellte zumindest das Stadtbild des historischen Prager Zentrums auf fast gespenstische Weise still. Sicher, es gab einige Renommierprojekte, es gab vor allem die barbarische Magistrale entlang des städtischen Kernbereichs – wie eine Schneise hatte man die Autobahn durch die Neustadt geschlagen –, aber sonst herrschte der Verfall. Was Kleidung und Umgangsformen anging, fühlte sich der Westmensch um Jahre, wenn nicht Jahrzehnte zurückversetzt. Unter der Parolen-Tünche schien eine Welt konserviert, die der Kafkas zeitlich und mental nicht allzufern stand.

> Sollte man den Namen eines Künstlers nennen, der in ähnlicher Beziehung zu unserem Zeitalter steht wie Dante, Shakespeare und Goethe zu den ihren, so käme einem wohl zuerst der Name Kafka in den Sinn.
> *W. H. Auden in: ›The New Republic‹ 10 (Februar 1941)*

Gleichwohl hatte es einen Weltuntergang gegeben, zumindest den »Untergang des Abendlandes«, wenn nach Friedrich Torberg auch nur den in Anekdoten. Gründlicher hätten die Spuren der Deutschen in Prag kaum gelöscht werden können als mit ihrer Vertreibung in den ersten Nachkriegsjahren. Selbst linientreue Literaten wie Louis Fürnberg und Franz Carl Weiskopf mußten das Land verlassen.

Doch ungeachtet der auf östliche und westliche Weise vernichteten Geschichte: Die Wege Franz Kafkas in Prag sind heute so mühelos nachzuverfolgen wie wohl die keiner anderen Autorenberühmtheit in einer anderen (geschweige denn westlichen) Metropole. Nur wenige Biographien lassen sich schreiben, die Lebenslauf und -ort derart eng miteinander verknüpfen können. Der Dichter hat es der Stadt heimgezahlt: Sie kommt in seinem Werk so gut wie nicht vor, auch wenn sich die Interpreten immer wieder gedrängt fühlten, Prager Lokalitäten zu dechiffrieren.

Anheimelndes, wie es zeitlebens Franz Werfel und anfänglich sogar Rainer Maria Rilke über Prag geschrieben haben, ist von Franz Kafka ohnehin nicht zu erwarten. Während die anderen der Stadt mehr oder weniger rasch den Rücken kehrten, blieb er ihr ausgeliefert. Sie war sein Kosmos, und genaugenommen nicht einmal die ganze Stadt, sondern nur ihr deutsch-jüdisches Milieu ...

Rainer Maria Rilkes zweiter Gedichtband ›Larenopfer‹ (1895) liest sich über weite Strecken wie ein gereimter Stadtführer:

Im alten Hause

Im alten Hause; vor mir frei
seh ich ganz Prag in weiter Runde;
tief unten geht die Dämmerstunde
mit lautlos leisem Schritt vorbei.

Die Stadt verschwimmt wie hinter Glas.
Nur hoch, wie ein behelmter Hüne,
ragt klar vor mir die grünspangrüne
Turmkuppel von Sankt Nikolas.

Schon blinzelt da und dort ein Licht
fern auf im schwülen Stadtgebrause. –
Mir ist, daß in dem alten Hause
jetzt eine Stimme »Amen« spricht.

3   Prag, Blick vom Landesmuseum auf das Wenzelsdenkmal

Noch leichter als der Entwurf seines Umfelds scheint ein
Portrait des Dichters selbst von der Hand zu gehen. Mehr als
die stets gegenwärtigen Brustbilder oder das leichte Auffin-
den seiner Prager Adressen reizt dazu das bei aller Übersicht-
lichkeit gewaltige Lebensdrama. Und gemessen am Umfang
des literarischen Werks existiert eine erstaunliche Menge an
Selbstzeugnissen. Sie fordern die Frage geradezu heraus: Wer
war Franz Kafka?

Der ›Brief an den Vater‹

Viele Literaturwissenschaftler lehnen mit guten Gründen die Frage nach der Person eines Dichters ab. Sie verweisen auf das Werk, das allein Gegenstand der Forschung sein dürfe. Noch die preziöse Einleitung zu den Briefen Kafkas an Felice Bauer fragt deshalb: »Sollen Korrespondenzen dieser Art überhaupt erörtert werden?« Und sie schiebt die schwerwiegenden Bedenken gegen eine Publikation gleich hinterher: »Sie fördert die in der literarischen Betriebsamkeit der Zeit sonst immer mehr verkümmernde Kunst, die Quellen, die den Geist bereichern, von denjenigen zu unterscheiden, die nur den Reichtum der Schreibgeschäftemacher vermehren.«

Dagegen ließe sich sagen, daß Kafka als Autor der Wahrhaftigkeit in die Literaturgeschichte einging, als jemand, der sich ohne die mindeste Rücksicht auf eigene Belange dem Wagnis des Schreibens auslieferte. Nur ist eben Wahrhaftigkeit keine Kategorie des Schönen. Hier kann allein die (ästhetische) Stimmigkeit beurteilt werden.

Aber die Situation ist doch komplizierter. Kafkas künstlerisch ambitionierte Zeitgenossen haben die gegenseitige Durchdringung von Kunst und Leben, den Zusammenhang von Autobiographie und Werk intensiv reflektiert, auch gepflegt. Und zur Lektüre des Dichters gehören ungewöhnlich viele Autobiographien oder Tagebücher. Als Zwanzigjähriger schreibt er 1904 an Oskar Pollak, er habe die von Hebbel »(an 1800 Seiten) in einem Zug gelesen«. Kaum zufällig geht diese Stelle einem der meistangeführten Kafka-Worte voraus, nämlich daß »ein Buch die Axt sein (muß) für das gefrorene Meer in uns«.

> Morgen schicke ich Dir den Vater-Brief in die Wohnung, heb ihn bitte gut auf, ich könnte ihn vielleicht doch noch einmal dem Vater geben wollen. Laß ihn womöglich niemand lesen. Und verstehe beim Lesen alle advokatorischen Kniffe, es ist ein Advokatenbrief. Und vergiß dabei niemals Dein großes Trotzdem.
>
> *An Milena Jesenská, 4./5. Juli 1920*

Die »unmittelbare« Vergegenwärtigung einer fremden Existenz hat den Leser Kafka gefesselt, wie er immer darauf aus war, den Autor eines Buches durch seinen Text als Menschen wahrzunehmen. Dieses Interesse hat allerdings nichts mit der heute gängigen Schlüssellochperspektive zu tun, die Leben und Werk gegeneinander ausspielt, und das womöglich noch aus geschäftlichen Interessen.

Umgekehrt stellt sich die Frage, ob die vielen Briefe und Tagebuchaufzeichnungen Kafkas für autobiographisch bare Münze zu nehmen sind. Nun gibt es ja ein berühmtes Selbstzeugnis des Autors, dem wegen seiner Authentiziät eine Schlüsselrolle zukommt und in dem folglich kaum eine Stelle unzitiert geblieben ist. Der ›Brief an den Vater‹ (verfaßt im November 1919) läßt schon wegen seines Anliegens keinerlei literarischen Ehrgeiz vermuten. Er scheint zunächst eine furiose Anklage gegen den Altvorderen und dessen rücksichtslose Unterdrückung der kindlichen Persönlichkeit.»Direkt erinnere ich mich nur an einen Vorfall aus den ersten Jahren, Du erinnerst Dich vielleicht auch daran. Ich winselte einmal in der Nacht immerfort um Wasser, gewiss nicht aus Durst, sondern wahrscheinlich teils um zu ärgern, teils um mich zu unterhalten. Nachdem einige starke Drohungen nicht geholfen hatten, nahmst Du mich aus dem Bett, trugst mich auf die Pawlatsche und liessest mich dort allein vor der geschlossenen Tür ein Weilchen im Hemd stehn. […] Noch nach Jahren litt ich unter der quälenden Vorstellung, dass der riesige Mann, mein Vater, die letzte Instanz fast ohne Grund kommen und mich in der Nacht aus dem Bett auf die Pawlatsche tragen konnte und dass ich also ein solches Nichts für ihn war.«

Das »Pawlatschenerlebnis« ist von schlagender Beweiskraft. Und die Folgen der drakonischen Strafmaßnahme könnten dem Straf-Täter kaum eindringlicher vor Augen geführt wer-

Der Schöpfer des Hungerkünstlers hielt bekanntlich nie große Stücke auf seinen Körper; an allem schien es ihm zu gebrechen, was den Körper seines Erzeugers, aufstrebender Prager Kaufmann, auszeichnete. Verglichen mit ihm war er buchstäblich ein Nobody, wie es im Englischen treffend heißt.

Bodo Kirchhoff, ›Legenden um den eigenen Körper‹,
Frankfurter Vorlesungen 1995

den. Er, eben noch mit »liebster Vater« angeredet, wird nun in die ausweglose Enge getrieben. Es bedarf keiner großen Menschenkenntnis, sich auszumalen, zu welcher Reaktion sein cholerisches Temperament den Adressaten hingerissen hätte. Ob Franz Kafka auch an diese Provokation dachte, als er den Brief Milena Jesenská zum Lesen anbot und auf dessen Kalkül hinwies: »Und verstehe beim Lesen alle advokatorischen Kniffe, es ist ein Advokatenbrief«?

Diese Interpretationshilfe des Juristen Kafka geht schlecht mit der oft apostrophierten Wahrheitsliebe des Autors zusammen. Freilich wäre die Advokatenranküne so unverständlich nicht, jedenfalls im Hinblick auf den Anlaß des Briefes: Gerade hatte der Vater einen »Heiratsversuch« des Sohnes (seinen dritten) scheitern lassen. Max Brod berichtet, wie sehr dieses

4 Jan Minařík: Innenhof in der Dlouhá. Öl auf Leinwand, 1911. Die »Lange Gasse« existiert unter demselben Namen und mit demselben Straßenverlauf bis heute. Franz Kafka wohnte 1915 dort für kurze Zeit. Typisch ist die Pawlatsche (von tschechisch *pavlač* für Loggia oder überdachter Balkon). Die Dlouhá lag im Assanierungsgebiet, und auch das abgebildete Haus wurde im Zuge dieser Maßnahme abgerissen.

Scheitern den Freund erschüttert hat. Brod, der ihn nach Schelesen – einmal mehr in die Kur – begleitete, erinnert sich an
Kafkas Worte bei einem Halt des Zuges: »Daß es so viele Statio-
nen gibt auf der Fahrt zum Tode, daß es gar so langsam geht.«

Zur Erinnerung: Franz Kafka ist im November 1919 36 Jahre
alt. Zwar leidet er an einer ernsten Krankheit und wohnt immer noch bei den Eltern, doch er hat eine feste Anstellung
und ein passables Einkommen. Er steht demnach halbwegs
auf eigenen Füßen, und darum läßt sich fragen: Warum begehrt
er nicht sofort entschieden auf, als sich Hermann Kafka einer
Heirat widersetzt? Sicher, er hätte allen Grund für eine Gene-
ralanklage gegen den Vater. Dessen derber Eingriff ins Leben
des Sohnes ist ja keine einmalige Intervention, sondern lediglich ein besonders spektakulärer Akt im Kontinuum der Be-
vormundung.

Dabei unterscheidet sich dieses Schreiben deutlich von der
seinerzeit gängigen Aufarbeitung des Vater-Sohn-Konflikts.
Schon 1914 hatte Kafka gegenüber Grete Bloch betont, wie ab-
geschmackt er die Aburteilung der Eltern durch die Kinder
(»Gemisch von Widerlichkeit, Roheit und Hinterlist«) finde.
»Es gibt mehr oder wenigstens dauerhafter verkannte Eltern
als Kinder.« Franz Kafka wirbt in seinem Brief auch um den
Vater, scheut nicht einmal vor Formulierungen von religiös-
archaischem Pathos zurück: »An deiner Brust klage ich.« Das
sind wahrhaftig keine rhetorischen Pflichtübungen, wie die
Anrede »liebster Vater« keine bloße Floskel ist. Gegen die bloße Abrechnung und für den Versuch einer seriösen Ermittlung
spricht auch ein zunächst unauffälliges Detail. Kafka stellt seine Auseinandersetzung mit dem Vater in einen familiären Zusammenhang, nennt die Onkel väterlicherseits, spricht von einem Löwyschen (mütterlichen) Erbe und einem Kafkaschen.
Er erkennt die »Erblast« an, um den Konflikt zu objektivieren.

Zunächst stellst Du das Misslingen der Heiraten in die Reihe meiner son-
stigen Misserfolge. [...] Es steht tatsächlich in dieser Reihe, nur die Bedeutung der Sache unterschätzt Du und unterschätzt sie derartig, dass
wir, wenn wir mit einander davon reden, eigentlich von ganz verschiede-
nem sprechen. Ich wage zu sagen, dass Dir in Deinem ganzen Leben
nichts geschehen ist, was für Dich eine solche Bedeutung gehabt hätte,
wie für mich die Heiratsversuche.

›Brief an den Vater‹

Franz Kafkas Brief schließt in der Hoffnung, daß er »uns beide ein wenig beruhigen und Leben und Sterben leichter machen kann.« Uns beide: Unter der Hand wird der Absender zum Adressaten. Ein Advokat ist nicht Ankläger, sondern Verteidiger, und die »Kniffe« dienen eigentlich nur der Selbstverteidigung. Der Sohn will dem Vater keineswegs den Prozeß machen. Gleichwohl zählt »Schuld« zu den Schlüsselbegriffen des Textes; als Kafka das Wort zum ersten Mal einsetzt, unterstreicht er es. »Fasst Du Dein Urteil über mich zusammen, so ergibt sich, dass Du mir […] Kälte, Fremdheit, Undankbarkeit [vorwirfst]. Und zwar wirfst du es mir so vor, als wäre es meine *Schuld*, […] während Du nicht die geringste Schuld daran hast, es wäre denn die, dass Du gut zu mir gewesen bist.« Der Absender plädiert auf unschuldig, nachdem er seinem Vater ein »Schuldig« in den Mund gelegt hat.

Zugleich gesteht er dem Vater Schuldlosigkeit zu. Wenn das ein »Advokatenkniff« wäre, dann ein ganz infamer. Dagegen spricht die Betonung der eigenen Schuldlosigkeit im gleichen Atemzug: »Aber ebenso gänzlich schuldlos bin auch ich.« Und später wird Kafka das Unverständnis des Vaters als notwendiges analysieren.

Allerdings bleibt, daß der Vater getreu einer alten Tragödienformel schuldlos schuldig wird. Hebt Franz Kafka am Briefschluß das eingefleischte väterliche »Misstrauen gegen andere« hervor und stellt über dieses Mißtrauen noch sein »Selbstmisstrauen«, heißt der anschließende Relativsatz doch: »zu dem Du mich erzogen hast«. Da mag der Vater (nach Auskunft des Sohnes) leugnen, je Macht besessen zu haben. Auch daß er nicht anders handeln konnte, als er gehandelt hat, hilft ja dem Erzogenen nichts. Schuld oder nicht schuld, der Sohn ist ohne Zweifel ein Opfer der (väterlichen) Macht, ihrer Mechanismen und ihrer Druckmittel. Und die Einsicht des Er-

Darin Vater sind wir wenn Du ein wenig zurückdenkst, sicher einig, dass unser Verhältnis in den letzten Jahren zu Zeiten ein fast unerträgliches gewesen ist. […] Die Schuld an der Unerträglichkeit trage ich, nur ich.
Früherer Entwurf eines Briefes an den Vater, vermutlich Sommer 1919

wachsenen, daß die väterliche Macht nicht mehr als die Kehrseite der Ohnmacht ist, kommt zu spät.

Wenn Franz Kafka der Versuchung widersteht, dem Vater die Schuld zuzuweisen, dann eben auch deshalb, weil der Versuch für ihn nichts Entlastendes hätte. Die Analyse seiner Situation und Befindlichkeit ist gnadenlos, geht also über das Unbestechliche weit hinaus. Der Brief an den Vater ist Abrechnung nur als Selbstentblößung, und sie macht schmerzhaft klar: Die Lage ist aussichtloser, als es eine Therapie je voraussetzen dürfte. An dieser Lage werden alle »Advokatenkniffe« zuschanden.

Nun polemisiert Kafka in einem späten Brief an Milena Jesenská heftig gegen das Briefeschreiben: »Alles Unglück meines Lebens – womit ich nicht klagen, sondern nur eine allgemein belehrende Feststellung machen will – kommt von Briefen oder von der Möglichkeit des Briefeschreibens her. Menschen haben mich kaum jemals betrogen, aber Briefe immer und zwar auch hier nicht fremde, sondern meine eigenen. […] Es ist ja ein Verkehr mit Gespenstern und zwar nicht nur mit dem Gespenst des Adressaten, sondern mit dem eigenen Gespenst, das sich unter der Hand in dem Brief, den man schreibt, entwickelt.« Das Gespenstische rührt vom Brief als Medium her. Nach Kafka ist Briefeschreiben vor allem Selbstbetrug, der Schreiber Opfer solchen Austauschs.

Damit aber steht der Brief schon halb auf seiten der Literatur. Gegen ihn wie gegen sie spricht die Vermitteltheit. Nur

5 Namens- und Sinnbild des gesellschaftlichen Aufstiegs: die Dohle. Hermann Kafkas Geschäftsemblem visualisiert das tschechische Wort für den Rabenvogel (*kavka*)

kennt Literatur einen Trost: die Form. Das Leiden der Literaten am Nicht-Leben-Können ist groß, größer ist das an der
Form-Krise. Die Form gibt allem »Gespensterhaften« Konturen. Das heißt im Gegenzug: Kein Autor entgeht den zwin-
genden Ansprüchen der Form. Von Kafka, der nebenbei gesagt ein glänzender Briefeschreiber war, können also »reine«
Dokumente gar nicht erwartet werden. Und gerade beim ex-
ponierten Brief an den Vater durchdringen sich Zeugnis- und
literarischer Charakter so, daß sich der eine vom anderen
nicht trennen läßt.

Das heißt ebenfalls: Selbst der ›Brief an den Vater‹ kann keine
unmittelbare Auskunft über den »Menschen« Franz Kafka geben. Darum lag es nahe, bei den Zeitzeugen Zuflucht zu
suchen. Sogar Gustav Janouchs ›Gespräche mit Kafka‹ (1951
erstmals, 1968 erweitert veröffentlicht) wurden ausführlich herangezogen, obwohl ihre Authenzität fraglich sein mußte. Ohnehin können die Stimmen einzelner Freunde und Bekannter
höchstens Facetten zum Bild beitragen: Ihre Urteile etwa über
Franz Kafkas Schulleistungen (von ihm selbst stets miserabel
bewertet), sein Auftreten oder gar über den Vater nähren zuweilen den Verdacht, daß hier einer von der Stilisierung seines Lebens oder doch seines Lebensgefühls nicht frei war. Insgesamt aber lassen sie an seiner Lauterkeit wenig Zweifel.

Bleibt der Hinweis auf die Tagebücher und die Hoffnung,
daß aus ihnen der »wahre Kafka« ans Licht tritt. Freilich wurde das Tagebuch 1909 mit der ausdrücklichen Absicht begonnen, poetische Einfälle festzuhalten, auch Zeiten stockender
literarischer Produktion wenigstens zu überbrücken. Bei vielen Einträgen ist also Literarizität beabsichtigt, höchstens
zeichnen sich hier die Untiefen seiner schriftstellerischen Arbeit deutlicher ab. Schon die zu Lebzeiten veröffentlichten
Texte geben reichlich Aufschluß über die Gefährdungen sei-

Neues Tagebuch, eigentlich nur
weil ich im alten gelesen habe.
Einige Gründe und Absichten,
jetzt, $^3/_4$ 12, nicht mehr festzustel-
len.

Tagebuch, 27. Juni 1919

ner schöpferischen Antriebe, ja über den Skandal seiner Produktivität. Ohnehin dürfen vorläufige Fassungen nicht gegen
Kafka verwendet werden, der bekanntlich ein außerordentlich selbstkritischer Autor war.

Fazit: Im Zweifelsfall ist gerade bei Kafka die Unterschei-
dung zwischen literarischem Text und Dokument eine Fik-
tion; das trifft allemal für den ›Brief an den Vater‹ zu. Deshalb gilt Kafkas Diktum aus dem Briefwechsel an Felice als
Leitsatz für jeden Interpreten: »Ich habe kein literarisches Interesse, sondern bestehe aus Literatur, ich bin nichts anderes
und kann nichts anderes sein.« (14. August 1913)

Die frühen Jahre

Häufig waren erst die Großeltern dieser Generation vom Land in die Hauptstadt gekommen, im Fall Franz Kafkas sogar der Vater. Her(r)mann (1852–1931), eines von sechs Geschwistern, stammte aus Wossek (Osek) südlich Prags, einem kleinen Ort mit recht großer jüdischer Gemeinde. Sein Vater Jakob Kafka (1814–1889) war ihr Schächter (als Berufsangabe erscheint der Austriazismus Fleischhauer), er lebte mit seiner Familie in dürftigsten Verhältnissen. Doch gelang allen Kindern Jakobs der gesellschaftliche Aufstieg in den Mittelstand; gewiß auch eine Folge davon, daß nach 1848 den Juden die bürgerlichen Freiheiten zugesprochen wurden, unter anderem das Recht der freien Ortswahl. Diese Gewährung wirkte sich wenigstens auf ihre wirtschaftliche Lage günstig aus.

Die Biographen haben schon öfter angemerkt, daß trotz der widrigen Bedingungen kein Nachkomme Jakob Kafkas im Kindbett oder in früher Jugend starb. Vater Hermann konnte darüber hinaus mit dem Pfund eines außerordentlich robusten Körpers wuchern. Es war ja nicht zuletzt diese Robustheit, die seinem Sohn Franz schwer zu schaffen machte. Und selbstverständlich mußte Franz Kafka auch häufiger hören, aus welchem Elend sich der Vater emporgearbeitet habe. Wie üblich gingen die ewig gleichen Vorhaltungen an einen Erben, der mit dem mühsam Erreichten bestenfalls nichts anzufangen wußte. Nun ließ sein schmal gebahnter Erfolgsweg Hermann kaum eine andere Wahl, als dem Sohn die Übernahme seines Lebensentwurfs aufzuzwingen. Doch dürfte ihm kaum entgangen sein, wie schlecht Franz für eine solche

Ich denke da an Bemerkungen, die in meinem Gehirn förmlich Furchen gezogen haben müssen, wie »Schon mit 7 Jahren musste ich mit dem Karren durch die Dörfer fahren« »Wir mussten alle in einer Stube schlafen« »Wir waren glücklich, wenn wir Erdäpfel hatten« »Jahrelang hatte ich wegen ungenügender Winterkleidung offene Wunden an den Beinen […]« Aber trotzdem, trotzdem – der Vater war immer der Vater. Wer weiß das heute! Was wissen die Kinder! Das hat niemand gelitten! Versteht das heute ein Kind? ›Brief an den Vater‹

6 Hermann Kafka (1852–1931)

Übernahme ausgestattet war. Franz Kafkas Mutter Julie (geb. Löwy, 1856–1934), mit ihrer Familie in den 70er Jahren nach Prag übersiedelt, war entschieden besser gestellt: Der Vater besaß ein florierendes Hopfengeschäft. Er hatte bald nach dem Tod von Julies Mutter (1859) zum zweiten Mal geheiratet, Julie war für ihre fünf Geschwister (davon zwei aus der zweiten Ehe) eine Art Ersatzmutter. Ihre Rolle band sie offenbar stark an ihre Ursprungsfamilie; noch mit 26 Jahren war sie »ledig«. Demnach drängte die Zeit, dafür spricht ebenfalls, daß sie mit Hermann Kafka »unter Stand« heiratete.

Die großen beruflichen Erfolge standen damals nicht selten unter dem Patronat des Kolonialismus, er begünstigte auch Julies – übrigens kinderlose – Brüder Alfred (1852–1923) und Josef (1858–1932). Laut Max Brod wurde Alfred Generaldirektor der Spanischen Eisenbahnen, Josef soll eine Kolonialwarengesellschaft im Kongo geleitet haben. Beides schießt über das Ziel hinaus, Brod hat sich wohl zu unbedenklich auf die Mutter Franz Kafkas als Informantin verlassen, und der lag daran, die ohnehin glänzende Reputation ihrer Brüder noch nachzupolieren.

Zweifellos aber sind die Lebensläufe dieser beiden Brüder exemplarisch für Gründerzeitkarrieren. Auch die im Lande gebliebene Verwandtschaft von Vater Kafka spielte durchweg respektable Rollen im Gesellschaftsleben, besonders augenfäl-

Im Tagebuch (5. September 1912) hält Kafka fest, welche Leere sich hinter der glänzenden Reputation Alfred Löwys auftut. Kafka zitiert den Onkel, »wie es sich in meiner Erinnerung auflöst«:
Im Einzelnen bin ich unzufrieden, an das Ganze reicht es nicht heran. Ich nachtmahle öfters in einer kleinen französischen Pension, die sehr vornehm und teuer ist. Ein Zimmer für ein Ehepaar kostet z. B. mit Pension täglich 50 fr. Ich sitze dort also z. B. zwischen einem Legationssekretär der französischen Botschaft und einem spanischen Artilleriegeneral. Mir

lig war das bei den Juristen der Mischpoche. Kurz, die weitere Familie wies genug Erfolgsmenschen auf, deren Fortkommen einem wie Franz Kafka vor Augen gehalten werden konnte und offensichtlich auch vor Augen gehalten wurde.

7 Julie Kafka, geb. Löwy (1856–1934)

Nicht im mindesten läßt sich behaupten, das gesellschaftliche Klima in Böhmen sei den Juden günstig gewesen. Der Antisemitismus erhielt hier zusätzliche Nahrung durch angebliche Komplizenschaft von Deutschen und Juden. Natürlich fielen die beiden Gruppen keineswegs immer ineins, vor allem auf dem Land betrachteten sich viele Juden als Tschechen. 1900 umfaßte Prags jüdische Gemeinde nach Auskunft der Befragten 14 576 tschechischsprachige und 11 599 deutschsprachige Mitglieder. Allerdings waren solche Angaben oft taktisch begründet, das Bekenntnis zur tschechischen »Nation« versprach Schutz vor Anfeindungen. In der Hauptstadt jedoch stellten größtenteils Juden die deutsch(sprachig)e Ober- und Mittelschicht. Ihre Söhne gingen auf die deutsche Universität, dagegen waren an der tschechischen 1911 nur 101 Juden, und noch 1921 erst 469 immatrikuliert (gegenüber 1400 an der deutschen).

Das liberale jüdische Großbürgertum sah sich also zweifach bedrängt: Einmal hatte die Industrialisierung auch in Böhmen den kleinbürgerlichen antisemitischen Kräften Auftrieb gegeben, und dann gerieten Juden zwischen die Mühlsteine des

gegenüber sitzt ein hoher Beamter des Marineministeriums und irgend ein Graf. Ich kenne schon alle gut, setze mich auf meinen Platz mit Gruß nach allen Seiten, rede weil ich in eigener Laune bin, sonst kein Wort, bis auf den Gruß, mit dem ich mich wieder verabschiede. Dann bin ich allein auf der Gasse und kann wirklich nicht einsehn, wozu dieser Abend gedient haben soll. Ich gehe nachhause und bedauere nicht geheiratet zu haben.

Konflikts, in den beide Parteien seit der tschechischen »nationalen Wiedergeburt« mit steigender Erbitterung verstrickt waren.

Tschechen und Deutsche: dieser Gegensatz zog sich seit langem durch die Geschichte des Landes. Die Vormachtstellung der Deutschen hat historische Wurzeln, die wichtigste reicht zurück bis ins Jahr 1620. Damals setzte die Habsburger-Monarchie, mit der Schlacht am Weißen Berg endgültig Sieger über die böhmischen Stände, ganz auf ihre deutschen Untertanen. Die tschechische Sprache wurde unterdrückt, wie überhaupt die Maßnahmen der Herrschenden auf Niederwerfung der kulturellen Eigenständigkeit zielten. Die nationale »Wiedergeburt« im 19. Jahrhundert stellte nicht zuletzt die großen Leistungen der Nation in Kunst, Musik und Literatur heraus.

Immer schon konnte die ökonomische Stärke Böhmens ins Feld geführt werden. Das Land verfügte über das größte Wirtschaftspotential der Monarchie, und Prag war nicht nur Landeshauptstadt, sondern ebenfalls industrielles Zentrum. Im 19. Jahrhundert wurden Zug um Zug immer mehr Orte an der Peripherie nach Prag eingemeindet. Auf diese Weise stieg der tschechische Bevölkerungsanteil; ihre Mehrheit im Stadtrat verloren die Deutschen 1862. Im Zentrum aber spielten sie immer noch eine entscheidende Rolle, und ins Zentrum drängten sie, wenn sie auch den anderen ihr Vorrücken auf der Erfolgsleiter zeigen wollten.

Zur Zeit seiner Geburt hatten die Eltern Franz Kafkas den gesellschaftlichen Aufstieg noch vor sich. Im Schatten der ba-

---

Das deutsche Prag! Das waren fast ausschließlich Großbürger, Besitzer der Braunkohlengruben, Verwaltungsräte der Montanunternehmungen und der Skodaschen Waffenfabrik, Hopfenhändler, die zwischen Saaz und Nordamerika hin- und herfuhren, Zucker-, Textil und Papierfabrikanten sowie Bankdirektoren; in ihrem Kreis verkehrten Professoren, höhere Offiziere und Staatsbeamte. Ein deutsches Proletariat gab es nicht. [...] Mit der halben Million Tschechen der Stadt pflog der Deutsche keinen außergeschäftlichen Verkehr. [...] Kein Deutscher erschien jemals im tschechischen Bürgerklub, kein Tscheche im Deutschen Kasino. Selbst die Instrumentalkonzerte waren einsprachig, einsprachig die Schwimmanstalten, die Parks, die Spielplätze, die meisten Restaurants, Kaffeehäuser und Geschäfte.

Egon Erwin Kisch, 1942

8 Kafkas Schwestern, Foto ca. 1898. Von links: Valli (geb. 1890), Elli (geb. 1889) und Ottla (geb. 1892)

rocken Altstädter Nikolauskirche, also gleichfalls nur einen Steinwurf weit vom Rathaus entfernt, kam er am 3. Juli 1883 zur Welt. Freilich war das Geburtshaus keineswegs so nobel, wie die Adresse vermuten läßt. Es lag an der Nordseite des Altstädter Rings, und schon damals wurde der Abriß (»Assanierung«) des Viertels zusammen mit dem der unmittelbar angrenzenden Judenstadt gefordert. Das Gebäude selbst war die ehemalige Prälatur des (slawischen) Benediktinerordens; übrigens gehörte zu seiner Altstädter Niederlassung auch die barocke Nikolauskirche, einer der eindrucksvollsten Sakralbauten Kilian Ignaz Dientzenhofers.

Heute schmückt der Bronzekopf von Karel Hladík das Eckhaus U radnice/Maislova. Korrekt vermerkt die Unterschrift »Hier wurde Franz Kafka geboren«. Sein Geburtshaus wurde abgerissen, an seiner Stelle entstand 1902/03 der neobarocke Bau, der wenigstens das Portal seines Vorgängers erhielt. Seit

Die sogenannte »Assanierung« der Judenstadt und angrenzender Straßenzüge war das große städtebauliche Projekt der Jahrhundertwende. 1895 wurde sie gegen den Widerstand etlicher Denkmalschützer beschlossen, der Gesundheitsausschuß des Prager Magistrats begründete diesen Abriß mit »der großen Anzahl

sanitärer und baulicher Hindernisse sowie blinder Kanäle, Überbevölkerung infolge allzu großer Flächenverbauung, einer großen Anzahl überfüllter und unreiner, größtenteils aus einem Raume bestehender Wohnungen, Mangel an frischer Luft in dicht zusammengebauten Häusern, […] Mangel an gutem Trinkwasser.«

1965 erinnert die Plastik an den Dichter, auch sie sollte sich
später als Vorzeichen des Prager Frühlings zu erkennen geben.

Die Kafkas verließen das ziemlich heruntergekommene
Quartier bald wieder, schnelle Wohnungswechsel folgten.
1885 kam Georg Kafka, 1887 Heinrich Kafka zur Welt, beide
starben ein gutes halbes Jahr nach der Geburt. Am 22. September 1889 war Franz dank seiner – ältesten – Schwester Gabriele (genannt Elli) kein Einzelkind mehr. Damals hatte die
Familie den Umzug ins Haus U minuty gerade drei Monate
hinter sich, sie wohnte dort bis 1896. Hier werden auch – in
rascher Folge – Valerie (genannt Valli, 25. September 1890)
und Ottilie (Ottla, 29. Oktober 1892) geboren.

Vom Haus U minuty ging Franz Kafka zur deutschen
Volksschule am Fleischmarkt. Er hat – viele Jahre später – den
denkwürdigen Weg in einem Brief an Milena Jesenská akri-
bisch genau beschrieben, denn er ging ihn nicht allein: »Unsere Köchin, eine kleine trockene magere spitznasige, wangen-
hohl, gelblich, aber fest, energisch und überlegen führte mich
jeden Morgen in die Schule [...] Da gieng es also zuerst über
den Ring, dann in die Teingasse, dann durch eine Art Torwöl-
bung in die Fleischmarktgasse zum Fleischmarkt hinunter.
Und nun wiederholte sich jeden Morgen das Gleiche wohl ein
Jahr lang. Beim Aus-dem-Haus-treten sagte die Köchin, sie
werde dem Lehrer erzählen, wie unartig ich zuhause gewesen
bin. Nun war ich ja wahrscheinlich nicht sehr unartig, aber
doch trotzig, nichtsnutzig, traurig, böse und es hätte sich daraus wahrscheinlich immer etwas Hübsches für den Lehrer zu-
sammenstellen lassen. Das wußte ich und nahm also die Drohung der Köchin nicht leicht. Doch glaubte ich zunächst, daß
der Weg in die Schule ungeheuer lang sei, daß da noch vieles
geschehen könne (aus solchem scheinbaren Kinderleichtsinn
entwickelt sich allmählich, da ja eben die Wege nicht unge-

9 Jakub Schikaneder: Teinhof. Öl ▶
auf Leinwand, 1902–1905

heuer lang sind, jene Ängstlichkeit und totenaugenhafte Ernsthaftigkeit) auch war ich, wenigstens noch auf dem Altstädter Ring, sehr im Zweifel, ob die Köchin, die zwar Respektsperson aber doch nur eine häusliche war, mit der Welt-Respektsperson des Lehrers überhaupt nur zu sprechen wagen würde. [...] Etwa in der Gegend des Eingangs zur Fleischmarktgasse [...] bekam die Furcht vor der Drohung das Übergewicht. Nun war ja die Schule schon an und für sich ein Schrecken und jetzt wollte es mir die Köchin noch so erschweren. Ich fieng zu bitten an, sie schüttelte den Kopf, je mehr ich bat, desto wertvoller erschien mir das, um was ich bat, desto größer die Gefahr, ich blieb stehn und bat um Verzeihung, sie zog mich fort, ich drohte ihr mit der Vergeltung durch die Eltern, sie lachte, *hier* war sie allmächtig, ich hielt mich an den Geschäftsportalen, an den Ecksteinen fest, ich wollte nicht weiter, ehe sie mir nicht verziehen hatte, ich riß sie am Rock zurück (leicht hatte sie es auch nicht) aber sie schleppte mich weiter unter der Versicherung auch dieses noch dem Lehrer zu erzählen, es wurde spät, [...] man hörte die Schulglocken, andere Kinder fiengen zu laufen an, vor dem Zuspätkommen hatte ich immer die größte Angst, jetzt mußten auch wir laufen und immerfort die Überlegung: ›sie wird es sagen, sie wird es nicht sagen‹ – nun sie sagte es nicht, niemals, aber immer hatte sie die Möglichkeit und so-

gar eine scheinbar steigende Möglichkeit (gestern habe ich es nicht gesagt, aber heute werde ich es ganz bestimmt sagen) und die ließ sie niemals los.« (Brief vom 21. Juni 1920)

Es ist eine berühmte Stelle aus dem Briefwechsel mit Milena Jesenská, die hier ausführlich zitiert wurde. Diese späte Erinnerung Kafkas variiert mit dem Ausgeliefertsein (hier an die Köchin) ein Leitmotiv seiner Dichtung, und auch von der Dramaturgie her steht sie seinen literarischen Texten sehr nah. Während der folgenden Jahre geht die Bedrohung immer mehr von der Schule selbst aus, das einschlägige Zitat stammt aus seinem ›Brief an den Vater‹: »Niemals würde ich durch die erste Volksschulklasse kommen, dachte ich, aber es gelang, ich bekam sogar eine Prämie; aber die Aufnahmsprüfung ins Gymnasium würde ich gewiß nicht bestehn, aber es gelang; aber nun falle ich in der ersten Gymnasialklasse bestimmt durch, nein, ich fiel nicht durch und es gelang immer weiter und weiter. Daraus ergab sich aber keine Zuversicht, im Gegenteil, immer war ich überzeugt […], dass je mehr mir gelingt, desto schlimmer es schliesslich wird ausgehen müssen. Oft sah ich im Geist die schreckliche Versammlung der Professoren (das Gymnasium ist nur das einheitlichste Beispiel, überall um mich war es aber ähnlich) wie sie, wenn ich die Prima überstanden hatte, also in der Sekunda, wenn ich diese überstanden hatte, also in der Tertia u. s. w. zusammenkommen würden, um diesen einzigartigen himmelschreienden Fall zu untersuchen, wie es mir, dem Unfähigsten und jedenfalls Unwissendsten gelungen war, mich bis hinauf in diese Klasse zu schleichen, die mich, da nun die allgemeine Aufmerksamkeit auf mich gelenkt war, natürlich sofort ausspeien würde, zum Jubel aller von diesem Alpdruck befreiten Gerechten. – Mit solchen Vorstellungen zu leben ist für ein

[Es] blieb die Überzeugung, daß ich die Endprüfungen des Jahres nicht bestehen werde und wenn das gelingen sollte, daß ich in der nächsten Klasse nicht fortkommen werde und wenn auch das noch durch Schwindel vermieden würde, daß ich bei der Matura endgiltig fallen müßte, und daß ich übrigens ganz bestimmt, gleichgültig in welchem Augenblick, die durch mein äußerlich regelmäßiges Aufsteigen eingeschläferten Eltern sowie die übrige Welt durch die Offenbarung einer unerhörten Unfähigkeit mit einem Male überraschen werde.

Tagebuch vom 2.1.1912 (wohl irrtümlich datiert 1911)

Kind nicht leicht. Was kümmerte mich unter diesen Umständen der Unterricht? Wer war imstande, aus mir einen Funken Anteilnahme herauszuschlagen?«

Wer sich – wenigstens in der Rückschau – so jung, so ganz und mit solch furiosem Crescendo gegen jedes Erfolgserlebnis immunisiert, müßte bald geahnt haben, worauf es mit ihm hinauswill. Das Gefühl der Untauglichkeit für ein »normales« Leben, vertreten durch die Schule, hätte sich früh festgesetzt. Eher aber ist hier ein verzweifelter Abbrucharbeiter am Werk, der nachträglich Risse im Gebäude seiner Biographie zu Spalten erklärt, statt der Zwischen- die tragenden Wände einreißt. Wie auch immer: Aufgrund der erhaltenen Zeugnisse kann niemand entscheiden, ob die Sicht des Jungen Franz Kafka wirklich den späteren Beschreibungen entsprach. Einiges spricht dafür, daß ihm erst seine später erkannte Lebensperspektive die ganze Last der Erinnerung aufgebürdet hat.

Natürlich könnten wiederum die Mitschüler angeführt werden. Sie erinnern sich an einen völlig unauffälligen Knaben, doch auch ihr Gedächtnis kann trügen wie jedes andere. Und wenigstens berichtet der vertraute Freund Hugo Bergmann aus »den ersten Gymnasialjahren, daß Kafka uns erzählte, er wolle Schriftsteller werden.« 1893 waren beide ans Altstädter »k. k. Staatsgymnasium mit deutscher Unterrichtssprache« gewechselt. Es lag (ebenfalls) am Altstädter Ring. Seine Residenz, das Kinsky-Palais Anselmo Luragos, präsentiert dort noch heute seine festliche Rokokofassade und gehört zu den unbestritten schönsten Adelshäusern der böhmischen Metropole. Die Klassenzimmer des Gymnasiums lagen jedoch in einem rückwärtigen Flügel des um zwei Innenhöfe gruppierten Gebäudes, also auch in weniger repräsentativen Räumen.

Bis 1901 besuchte Kafka die höhere Schule. Es muß nicht eigens herausgestrichen werden, daß er sie – wiederum ganz

In den Hinterzimmern des Kinsky-Palais kam 1843 die spätere Autorin und Friedensnobelpreisträgerin **Bertha von Suttner** zur Welt – in den Hinterzimmern wohl deshalb, weil die geborene Gräfin Kinsky dennoch einer »unterstandesgemäßen« Verbindung entstammte. Aufsehen erregte Bertha von Suttner mit ihrem Roman ›Die Waffen nieder!‹ (2 Bde.), der 1889 erschien und als erste Bekenntnisschrift der modernen Friedensbewegung gilt. 1891 gründete sie die Österreichische Gesellschaft der Friedensfreunde und war Präsidentin des internationalen Friedensbüros in Bern. 1905 erhielt sie den Friedensnobelpreis.

10   Franz Kafka als Schüler, um 1899

im Gegensatz zu seiner Selbsteinschätzung – mit einem sehr ordentlichen Zeugnis verließ. Dabei galt gerade das Altstädter Gymnasium als Eliteschule, die ihren Zöglingen einiges abverlangte. Kafkas Klassen-, und das hieß auf einem altsprachlichen Gymnasium auch sein Griechisch- und Lateinlehrer, Emil Gschwind, war ein anerkannter Klassischer Philologe. Neben diesem Piaristenmönch hat etwa der Mitschüler und spätere Medizinprofessor Hugo Hecht auch dem Naturkundelehrer Adolf Gottwald ein respektvolles Angedenken bewahrt.

Für die Zeit vor der Matura (also dem Abitur) gibt es zwar die typischen Schülergeschichten über die Verzweiflung Kafkas, auch soll er an einem Betrugsmanöver zur vorzeitigen Erlangung der griechischen Prüfungstexte teilgenommen haben, nur eben lassen sich solche Ondits nicht mehr nachprüfen. Übereinstimmend wird lediglich von Kafkas chronischer Mathematik-Schwäche berichtet, gegen die auch die kräftige Unterstützung durch den Klassenprimus Hugo Bergmann wenig half.

Hugo Bergmann hat ebenfalls überliefert, was als »frühester erhaltener Kafka-Text« apostrophiert wird. In Bergmanns Freundschaftsbuch findet sich der Zweizeiler: »Es gibt ein Kommen und ein Gehn / Ein Scheiden und oft – kein Wieder-

Unser Klassenvorstand durch all die acht Jahre hindurch war Emil Gschwind, Priester des Piaristenordens, ein Hüter der alten Tradition. [...] Die Lehrer waren gute und schlechte. Aber den Ton der Klasse bestimmte dieser katholische Priester. Er begnügte sich nicht mit sieben oder acht Wochenstunden Latein. Er verlangte Privatlektüre und Sammlung von »Parallelstellen« in einem dicken Heft. [...] Ich weiß nicht, ob wir einen Begriff von der Kultur der Antike erhielten, aber wir haben eine Sprache bis in die feinsten Details der Grammatik gelernt, und dies war ein Geschenk für das ganze Leben.
Erinnerungen des »Primus« Hugo Bergmann, 1966

sehn.« Dieser Spruch vom 20. November (1897) wäre kaum weiter bemerkenswert, zeigte er nicht im Ansatz die Tendenz, Konventionen gegen den Strich zu bürsten. Wider den bekannten oder erwarteten Verlauf hat der Autor nachher etliche Male Mythen oder Märchen »nach«erzählt bzw. eine entsprechende Erzählhaltung erst eingenommen und dann gebrochen.

Gegen Ende der Schulzeit hielt Franz Kafka eher losen Kontakt zu Hugo Bergmann, der schon in jungen Jahren überzeugter Zionist war. Wichtig sollte für ihn die Freundschaft mit Ewald Felix Příbram werden: Der Vater dieses Klassenkameraden stand später als Direktor der Arbeiter-Unfall-Versicherungs-Anstalt vor. Den intensivsten Kontakt über die Schule hinaus hatte Kafka jedoch zum Mitabiturienten Oskar Pollak (1883–1915). Vielseitig begabt und äußerst wissensdurstig, galt seine Leidenschaft ebenso der Kunst wie der Kunstgeschichte, nebenbei war er ein hervorragender Sportler. Mit ungewohnter Entschlossenheit hat der scheue Kafka diese

11 Das Kinsky-Palais am Altstädter Ring. In einem rückwärtigen Flügel war das Gymnasium untergebracht, das Kafka von 1893–1901 besuchte.

Freundschaft gesucht, sicher nicht zuletzt deshalb, weil er von Pollaks Inspiration und weitem Gesichtskreis profitieren wollte.

Währenddessen etablierte sich Vater Hermann Kafka als erfolgreicher Geschäftsmann. Von September 1896 an (bis Mai 1906) verkaufte er seine Galanteriewaren in der Zeltnergasse 3, wo auch die Familie Quartier bezog. Der Altstädter Ring lag direkt um die Ecke, die hinteren Zimmer der Wohnung gingen zur Teinkirche hinaus. Die Zeltnergasse (Celetná) gehörte zu den besten Adressen der Altstadt. 1906 siedelte das Geschäft – nun schon als »Galanteriewaren en gros« – in die Nr. 12 über. Im Herbst 1912 eröffnete Hermann dann seinen Laden nirgendwo anders als im Kinsky-Palais, und selbstverständlich lag der Verkaufsraum (im Unterschied zu Franz Kafkas Gymnasium) direkt am Altstädter Ring. Das Palais bot damals zwar keine schön restaurierte Schauseite wie heute, doch war die privilegierte Lage des Geschäfts über allen Zweifel erhaben. Kein Zweifel auch, daß der Rokoko-Palast einen idealen Rahmen für Galanteriewaren bot, also für jene neckischen Putzartikel, derer sich die Mode auch nach der Jahrhundertwende noch reichlich bediente.

Universitätsjahre, literarische Anfänge

Mit dem Wechsel an die Universität warf der sogenannte Ernst des Lebens seine Schatten voraus. Ganze zwei Wochen Chemie betrieb Kafka zum Auftakt des Studiums – sie zeugen weniger von Entschlußlosigkeit, als es zunächst scheinen mag. Juden war die Beamtenlaufbahn zumindest prinzipiell verschlossen, als Chemiker konnten sie auf einen Posten in der Industrie hoffen. Aber Kafka mußte sehr bald einsehen, daß ihm die Chemie überhaupt nicht lag. Es lief also doch auf das Brotstudium Jura hinaus. Rechtswissenschaften eröffneten die Möglichkeit, nach bestandenem Examen einen freien Beruf (Rechtsanwalt) zu ergreifen. Ob außerdem der Vater auf diesem Studium bestand, ist keineswegs sicher.

Dennoch unternimmt Kafka einiges, sich die Universitätszeit erträglicher zu gestalten, ja sich vom ungeliebten Jus zu lösen. Anfangs hörte er keineswegs nur nebenbei Kunstgeschichte, später liebäugelte er noch einmal ziemlich heftig mit der Germanistik, erwog ihretwegen nicht nur einen Fach-, sondern gleichfalls einen Ortswechsel. Doch blieb auch das Episode, sprich auf ein Sommersemester (1902) beschränkt. Kafka studiert weiter Rechtswissenschaften, klagt über freudloses Pauken, besonders in Prüfungszeiten, »als ich mich unter reichlicher Mitnahme der Nerven förmlich von Holzmehl nährte«. Daß ihm sein ödes Repetieren nicht in den

12 Im hochbarocken Clam-Gallas-Palais residierte das Staatswissenschaftliche Institut der Prager deutschen Universität, dessen Lehrveranstaltungen Kafka absolvieren mußte.

13 Der Schriftsteller Max Brod
(1884–1968)

Kleidern hängen blieb, bestätigt auch die Formulierung
»nervenanspannende(s) Ein-
üben für mich sinnloser Dinge« in einem Brief an Milena
Jesenská.

Immerhin gab das Studium
Gelegenheit zu Auszeiten, zu
intensiverer Teilnahme am gesellschaftlichen Leben. Durch
Oskar Pollak hat Kafka Kontakt zu den Anhängern Franz
Brentanos. Es war eine ver-
schworene Gemeinde, die sich
regelmäßig zusammenfand,
um die Schriften des Meisters
auszulegen. Kafka stand diesem Kreis immer distanziert
gegenüber, und auch der Zirkel von Berta Fanta und ihrer
Schwester Ida Freund hat ihn nie besonders angezogen. Mit
ihrem Salon spielten die beiden Frauen im gesellschaftlichen
Leben Prags eine bedeutende Rolle. Sie boten einem jungen
Prager Professor namens Albert Einstein ebenso ein Forum
wie den Anhängern des Spiritismus; später favorisierten sie
die Anthroposophie Rudolf Steiners.

Gleich zu Beginn tritt Kafka in die »Rede- und Lesehalle
deutscher Studenten« ein. Sie hatte in Prag einen besonderen
Stellenwert, wenigstens ihre Leitung sah sie als Hort und Mittelpunkt deutscher Kultur. Doch waren ihre Mitglieder fast
ausschließlich Juden, nachdem sich 1892 die chauvinistisch-an-
tisemitische Bohemia, Vertreterin »wahren« Deutschtums, ab-
gespalten hatte. Die »Halle« verfügte über beachtliche Finanz-

Der Priester und Philosoph **Franz
Brentano** (1838–1917), Neffe und Pa-
tenkind des Dichters Clemens, hatte
sich 1867 in Würzburg habilitiert.
Nach der Entscheidung des 1. Vati-
kanischen Konzils zugunsten des
Unfehlbarkeitsdogmas legte er 1874
sein Priesteramt nieder und folgte
einem Ruf an die Wiener Universität.

1880 heiratete er, was ihn seine Phi-
losophie-Professur kostete. Bis 1895
lehrte er in Wien noch als Privatdo-
zent, dann zog er sich nach Florenz
zurück. Seine letzten Lebensjahre
verbrachte er in Zürich.

Brentano erwies sich als sehr ein-
flußreicher Denker; zu seinen Schü-
lern gehörten Edmund Husserl und

mittel; zu ihren führenden Persönlichkeiten zählte damals übrigens auch Bruno Kafka. Der Cousin zweiten Grades war der
noch erfolgreichere Sohn eines erfolgreichen Vaters, des Rechts-
anwalts Dr. Moritz Kafka.

Schon die vorzüglich ausgestattete Bibliothek der »Halle«
sorgte für Erweiterung des Horizonts. Darüber hinaus lud sie
bekannte Geistesgrößen zu Vorträgen ein. Sie unterstützte und
ermutigte auch die Aktivitäten der eigenen Mitglieder. Franz
Kafka ist ebenfalls in ihre Annalen eingegangen, denn im Sommersemester 1904 diente er der Sektion Literatur und Kunst als
»Literaturberichterstatter«. Im übrigen hat er sich vom Betrieb
ferngehalten, ganz zu schweigen davon, daß er je die Gelegenheit ergriffen hätte, selbst vor ein Publikum zu treten.

Die hat Max Brod dagegen reichlich genutzt. Und so »verdankt« Franz Kafka der »Halle« zumindest die folgenreichste
Freundschaft seines Lebens. Am 23. Oktober 1902 referiert der
achtzehnjährige (!) Brod über Schopenhauer, Kafka sitzt unter
den Zuhörern. Anschließend diskutieren sie über Nietzsches
Werk und Person, können sich aber nicht einigen und bleiben
von da an im Gespräch.

Der Austausch zwischen beiden intensivierte sich schnell.
Brod war in vielen Sätteln gerecht, ein begeisterungsfähiger
und rascher Rezipient. Er fand in Kafka einen ebenso unbe-
stechlich-nüchternen wie scharfsinnigen Widerpart. Mit dem
Urteil über Brods eigene Werke hielt sich der Ältere jedoch zurück, nur vorsichtig oder als Lob getarnt, gab er seinem Unbe-
hagen Ausdruck. Gemeinsam besuchten sie die Kaffeehäuser
der Stadt (auch die literarisch weniger ambitionierten), gemeinsam entflohen sie dem »Mütterchen« Prag für kurze oder längere Reisen.

Max Brod war lange der ungleich prominentere Autor, ein
frühreifer Poet mit zahlreichen Veröffentlichungen, die schnell

Sigmund Freud, aber auch Rudolf
Steiner. Der Lehrer Husserls hat
dessen Phänomenologie wesentlich
beeinflußt. Seine Wirkung in der Prager Szene erklärt sich daraus, daß
etliche Prager Philosophie-Professo-
ren, allen voran Anton Marty, bei
ihm gehört hatten. 1896 erhielt Christian von Ehrenfels (1859–1932) einen
Lehrstuhl an der Prager Universität.
Kafka nahm noch 1913 an einem Se-
minar des Brentano-Schülers teil, der
in seiner Prager Zeit grundlegende
Beiträge zur Gestaltpsychologie lie-
ferte. Brentano war übrigens auch
der Doktorvater von Tomas G.
Masaryk, dem ersten Präsidenten
der tschechoslowakischen Republik.

14 Der Philosoph Felix Weltsch (1884–1964)

aufeinander folgten. Aber er fand sich, und dafür sind aus Literatenmilieus kaum weitere Beispiele bekannt, stets bereit, den eigenen Ehrgeiz hintanzustellen. Selbstlos hat er sich für Kafka eingesetzt, schon 1907 in der Zeitschrift ›Gegenwart‹ dessen »Stilkunst« gepriesen, obwohl der Freund noch gar nichts veröffentlicht hatte. Er rühmte die Verse des Schülers Franz Werfel (der ihm den Einsatz freilich kaum gedankt hat), und die deutschsprachige Bühnenfassung von Brod und Hans Reimann trug viel dazu bei, Jaroslav Hašeks ›Braven Soldat Schweijk‹ als Werk der Weltliteratur durchzusetzen. Der Komponist, Musiker und Musikkritiker Brod machte mit seiner Biographie auch Leoš Janáček im Ausland bekannt; etliche Libretti zu Opern des Komponisten hat er übersetzt. Max Brod führte auch den Begriff des Prager Kreises in die Literaturgeschichte ein. Einige Kenner der Szene wie Peter Demetz urteilen vorsichtiger, eher seien es mehrere, sich überlagernde Kreise gewesen. Ende 1905 gewinnt der Kern-Kreis Konturen, an seinen regelmäßigen Treffen nehmen von Beginn an neben Brod und Kafka auch der blinde Dichter Oskar Baum und der Philosoph Felix Weltsch teil. Häufig wurden hier eigene Werke vorgelesen und debattiert. Doch sollte einige Zeit vergehen, bis sich Kafka vor den Freunden ebenfalls als Schriftsteller outete.

Nun war die Schriftstellerei unter den Deutschen der Moldaumetropole ziemlich verbreitet. Daß es hier von Dichtern nur

Dort in Prag, wo neukatholsche Christen
heimisch sind, teils aber Pantheisten,
hingeschwellt am Tag,
dort ertönt manch morgendlicher Triller
aus der Jugendbrust des andern Schiller,
ausgerechnet das geschieht in Prag.

Karl Kraus, ›Elysische Melancholie an Kurt Wolff‹

15   Der blinde Schriftsteller Oskar Baum
(1883–1941)

so wimmelte, war in der Monarchie beinahe sprichwörtlich
und darf noch heute als litera-
tursoziologisches   Phänomen
ersten Ranges gelten. Offenbar
trieb die Diaspora-Situation vor
allem viele junge Juden dazu,
sich durch Sprache einer bedroh-
ten Identität zu vergewissern. Natürlich gab es unter ihnen auch
Schreiber, die ganz schwache Talentproben
ablieferten oder gleich entsetzlich schlechte Verse machten.
Der gebürtige Mährer und gefürchtete Satiriker Karl Kraus
hatte sich die Prager deutsche Literatenszene aufs Korn genommen. 1914 findet sich in seiner ›Fackel‹ Nr. 398 die bos-
hafte Notiz: »In Prag, wo sie besonders begabt sind und wo
jeder, der mit einem aufgewachsen ist, welcher dichtet, auch
dichtet und der Kindheitsvirtuose Werfel alle befruchtet, so
daß sich dort die Lyriker vermehren wie die Bisamratten«.
Doch heute kann wohl niemand im Ernst bestreiten, daß Prag
damals tatsächlich eine erstaunlich große Zahl bemerkens-
werter Autoren hervorbrachte.

    Aus der Studentenzeit stammen die ersten erhaltenen Werke
Kafkas; wie viel er später vernichtete, bleibt ungeklärt. Die Niederschrift von der ›Beschreibung eines Kampfes‹ läßt sich in

Den tiefsten Eindruck hatte mir die erste Bewegung, mit der Kafka in
mein Zimmer getreten war, hinterlassen. Er machte mir, während der
vorstellenden Worte Brods, eine stumme Verbeugung. Das war, sollte
man glauben, eine sinnlose Förmlichkeit mir gegenüber, der ich sie ja
nicht sehen konnte. Sein glattgestrichener Haarscheitel berührte indes,
wohl infolge meiner etwas zu heftigen gleichzeitigen Verbeugung, flüch-
tig meine Stirn. Ich fühlte eine Ergriffenheit, deren Grund mir im Augenblick nicht in vollem Umfang klar war. Hier hatte einer als *Erster* unter
allen Menschen, die mir begegnet waren, meinen Mangel als etwas, das
nur mich allein anging, nicht durch Anpassung oder Rücksicht, nicht
durch die geringste Veränderung seines Verhaltens, festgestellt. (1929)
Erinnerungen Oskar Baums an das erste Zusammentreffen
mit Kafka im Herbst 1904

der ersten Fassung bis zum Sommer 1904 zurückverfolgen, an ihr arbeitet Kafka wohl bis Ende 1907. Komplex angelegt, bleibt der Text Fragment wie so viele Texte der folgenden Jahre. Allein die ›Beschreibung eines Kampfes‹ benennt konkret Prager Lokalitäten, später findet die Stadt nur noch in den ›Verschollenen‹ Eingang, und auch hier wird sie lediglich ein einziges Mal erwähnt.

Im Mai 1909 nimmt sich der Autor die ›Beschreibung‹ noch einmal vor, wieder bricht er die Arbeit ab (August 1911). Passagenweise laufen die beiden Fassungen parallel, sie lassen dann aufschlußreiche Vergleiche zu. Die jüngere verfügt über die präzisere Erzählstrategie, das Verhalten der Figuren ist sorgfältiger, jedenfalls ausführlicher motiviert, sie zeigt insgesamt eine fortgeschrittenere Beherrschung des Handwerks. Dafür kommen in der älteren ›Beschreibung‹ Slapstick- und surreale Momente stärker zum Tragen. Es gibt nicht nur einen, sondern zwei Ich-Erzähler, den der Rahmen- und den der Binnenhandlung. Allerdings gibt die Rahmen-Metapher hier keine ganz zutreffende Vorstellung, der Rahmen hat kaum geringere Dimensionen als das Bild, die beiden Erzähler spiegeln einander. Der Text ist sprunghafter, mutwilliger, auch entwirft der Ich-Erzähler hier ein noch schonungsloseres Selbstportrait; fast überflüssig hinzuzufügen, daß dieses Portrait Kafkas Züge trägt.

Soweit es die benannten Gegner angeht, schildert der Text nicht nur einen Kampf. Die Binnenhandlung konfrontiert den »Beter« mit dem »Dicken«, der ungeachtet seiner Leibesfülle ebenfalls Anleihen beim Erscheinungsbild des Verfassers macht. Die outrierte Andacht des Beters gleicht der sprachlichen Ekstase jener Autoren, die ihr Schreiben gern als eine Art Gottesdienst ausgaben. Ihre Schwäche für verwegenprächtige, tatsächlich aber nur beliebige Metaphern teilte zum

---

Ich habe mich gefragt und immer wieder gefragt, was es wohl gewesen sein kann, daß Prag in einer einzigen jüdischen Generation eine solche Zahl von großartigen Talenten, ja zwei Genies, hervorgebracht hat: Franz Werfel, Max Brod, Franz Kafka, Paul Kornfeld, Otto Pick, Rudolf Fuchs, den Schauspieler Ernst Deutsch, den großartigen Essayisten Pavel Eisner und noch mehrere andere, bis zu meiner Wenigkeit.

Willy Haas (1891–1973), in Merian Heft 12, Hamburg 1961

Beispiel Gustav Meyrink, Esoteriker und Verfasser des auch heute noch vielgelesenen ›Golem‹. Solche Sprache war Kafka früh ein Greuel. »Ich habe Erfahrung und es ist nicht scherzend gemeint, wenn ich sage, daß es eine Seekrankheit auf festem Lande ist. Deren Wesen ist so, daß Ihr den wahrhaftigen Namen der Dinge vergessen habt und über sie jetzt in einer Eile zufällige Namen schüttet. Nur schnell, nur schnell! Aber kaum seid Ihr von ihnen weggelaufen, habt Ihr wieder ihre Namen vergessen. Die Pappel in den Feldern, die Ihr den ›Thurm von Babel‹ genannt habt, denn Ihr wußtet nicht oder wolltet nicht wissen, daß es eine Pappel war, schaukelt wieder namenlos und Ihr müßt sie nennen ›Noah, wie er betrunken war‹.«

Nun laufen diese Auseinandersetzungen alle auf Niederlagen, ja auf Selbstdemütigungen des Erzählers hinaus, mag er sich zwischendurch noch so vital und überlegen gebärden. Kurz bevor der Text abbricht, hat er sich wenigstens etwas Luft verschafft, und zwar mit dem – erlogenen – Hinweis, verlobt zu sein. Ausgeschlossen bleibt er immer: Es spielt in dieser ersten ›Beschreibung eines Kampfes‹ keine Rolle, in welche Figur er sich wandelt. Selbst die beherzten Angriffe des »Dicken« gegen den »Beter« stoßen ins Leere. Der »Untergang des Dicken« ist die Konsequenz aus dieser Niederlage. Der Beter aber windet sich heraus, geht aus der vernichtenden

Ich erinnere mich an die erste Nacht. Wir wohnten damals in der Zeltnergasse, gegenüber ein Konfektionsgeschäft, in der Tür stand immer ein Ladenmädchen, oben wanderte ich, etwas über 20 Jahre alt, im Zimmer auf und ab [...] Beim Fenster blieb ich, die widerliche römische Rechtsgeschichte zwischen den Zähnen, immer stehn, schließlich verständigten wir uns durch Zeichen. Am Abend um 8 Uhr sollte ich sie abholen, [...] aber als ich abends hinunterkam, war schon ein anderer Mann da [...]. Aber das Mädchen hängte sich zwar in ihn ein, aber machte mir Zeichen, daß ich hinter ihnen gehen solle. [...] irgendwo beim Fleischmarkt [...] nahm der Mann Abschied, das Mädchen lief ins Haus, ich wartete ein Weilchen, bis sie wieder zu mir herauskam und dann giengen wir in ein Hotel auf der Kleinseite. Das alles war, schon vor dem Hotel, reizend, aufregend und abscheulich, im Hotel war es nicht anders. Und wie wir dann gegen Morgen [...] nachhause giengen, war ich allerdings glücklich, aber dieses Glück bestand nur darin, daß ich endlich Ruhe hatte vor dem ewig jammernden Körper, und vor allem bestand das Glück darin, daß das Ganze nicht noch abscheulicher, nicht noch schmutziger gewesen war.

An Milena Jesenská, 9. August 1920

Kritik eher gestärkt hervor. Schon hier läßt Kafka seinen Helden einen aussichtslosen Kampf kämpfen.

Parallel zum Entstehen der ›Beschreibung‹ legen einige Selbstzeugnisse den Schluß nahe, daß sich Kafkas Situation zuspitzt. An Oskar Pollak schreibt er am 8. November 1903: »Und wenn ich mich vor Dir niederwerfen würde und weinen und erzählen, was wüßtest Du von mir mehr als von der Hölle, wenn Dir jemand erzählt, sie ist heiß und fürchterlich.« Dagegen verläuft das äußere Leben unspektakulär. Erst spät, jedenfalls verglichen mit den Prager Freunden, hat er sein sexuelles Initiationserlebnis, gleichwohl ist es eine einschneidende Erfahrung, einschneidend auch im Sinn von schmerzhaft. Kafka hat diese »erste Nacht« Milena Jesenská gut 15 Jahre später geschildert, die Stelle ist oft zitiert und oft kommentiert worden. Es lief eben auch bei ihm auf ein »Ladenmädchen« hinaus, der Verachtung des Objekts seiner Begierde folgt ebenso zwangsläufig die Verachtung der Begierde selbst.

In diesen Jahren entledigt sich Kafka seines Jura-Studiums. Das »Ladenmädchen« entdeckt er, »die widerliche römische Rechtsgeschichte zwischen den Zähnen«. Seine Klagen über die Trostlosigkeit der Materie klingen aus der Rückschau sehr vertraut, denn sie sollten im Berufsleben eine quantitative und qualitative Steigerung erfahren. Die letzten Monate vor den letzten Prüfungen sind besonders quälend, zum Doktor der Rechte wird er dann am 18. Juni 1906 mit der schwächstmöglichen Note promoviert. Aber immerhin, er hatte den Titel, wenngleich ihm das Prädikat keine allzu glänzenden Berufsaussichten eröffnete.

Ins Auge fallen die Sanatoriumsaufenthalte schon während und gleich nach der Studienzeit. Ob nun ein Naturheilsanatorium bei Dresden (1903) oder das Sanatorium Dr. Schweinburg im (österreichisch-)schlesischen Zuckmantel (1905 und

Selbst konservative Universitätskreise können sich heute nicht über die Tatsache hinwegtäuschen, daß in Österreich überhaupt keine besonderen Anforderungen bei Erlangung des juridischen Doktorates gestellt werden oder daß diese Anforderungen in der Hauptsache zu einer leeren Formalität geworden sind, so daß der neukreierte Doktor zumeist weder in diesen noch in jenen Wissensgebieten genügend Bescheid weiß.

›Prager Tagblatt‹, 1907

16   Der Obstmarkt in Prag, etwa 1910

1906), immer wieder suchte Kafka die behütete Atmosphäre solcher Einrichtungen. Hier genießt er regelrechte Vakanzen des Lebens, in Zuckmantel hat er folgerichtig – so resümiert er noch 1916 – eine der beiden Beziehungen, die ihn »mit einer Frau vertraut« werden ließen. Und stets geht es mehr um die Regeneration der »Nerven« als um die Überwindung seiner körperlichen Schwächezustände.

Der Promotion folgt das obligate Jahr Rechtspraktikum. Offenbar bleibt Zeit zum Schreiben, ab August 1906 entsteht die frühe Fassung der ›Hochzeitsvorbereitungen auf dem Lande‹ (bis Ende 1907, die Niederschrift der zwei späteren Fassungen läßt sich etwa auf die Jahresmitte 1909 festlegen). Diese ›Hochzeitsvorbereitungen‹ erzählen von Eduard Rabans Versuchen, wenn schon nicht der Fahrt aufs Land, so doch wenigstens deren Folgen zu entgehen. Allerdings von eher halbherzigen, kaum eingestandenen Versuchen, mehr noch von einer inständigen Hoffnung, ihm möge der Zufall zu Hilfe kommen

Wenn ich wenigstens, dachte Raban, in einen falschen Zug einsteigen würde. Dann würde es mir doch scheinen, als sei das Unternehmen schon begonnen und wenn ich später nach Aufklärung des Irrthums zurückfahrend wieder in diese Station käme, dann wäre mir schon viel wohler.

›Hochzeitsvorbereitungen auf dem Lande‹ (Fassung A)

17 Franz Kafka 1906

und die Landpartie verhindern. Daß er tatsächlich seinem Verhängnis entgegenfährt, legt einstweilen nur der Titel nahe. Die Braut und deren Mutter erwarten ihn. Der Text bricht an der Stelle ab, wo Raban den Landgasthof erreicht. Früh nehmen hier die Ängste literarisch Gestalt an, die Kafkas Beziehung zu Felice Bauer prägen werden.

Das Praxisjahr ist in Prag wiederum eines der kurzen Wege; die Gerichtsgebäude liegen am Ovocný trh (Obstmarkt), der Celetná und Železná miteinander verbindet. Doch dieses Jahr steht bald unter dem Horizont einer immer hektischeren Stellensuche. Es ist nicht untypisch für die k. k.-Verhältnisse, daß Kafkas Eintritt ins Berufsleben durch Beziehungen angebahnt wird. Alfred Löwy, der vielberufene Madrider Onkel (mütterlicherseits), verwandte sich für den Neffen bei José Arnaldo Weißberger, der in Madrid die Assicurazioni Generali vertrat. Dessen Vater wiederum leitete die Prager Niederlassung des weltweit tätigen, sehr angesehenen Versicherungsunternehmens. Am 1. Oktober 1907 trat Franz Kafka hier als »Aushilfskraft« ein.

Hr. Weisgerber [richtig Weißberger, D. A.] hat mich mit nicht kleiner Mühe in die Assecuracioni [sic!] gebracht und ich war, wie es sich nach meiner frühern Verzweiflung schickte, über die Maßen begeistert und habe ihm irrsinnig gedankt. Er hat sich auch gewissermaßen bei der Gesellschaft für mich verbürgt und gleich die ersten Worte der Oberbeamten in Gegenwart des Hr. Weißgerber haben davon gehandelt, daß es selbstverständlich sei, daß ich für immer bei der Gesellschaft bleibe, wenn ich, was damals noch gar nicht sicher war, einmal aufgenommen würde. Ich habe natürlich mehr als genickt.

An Max Brod, Ende 1907

Das war immerhin ein Anfang, wenn auch ein bescheidener. Die hiesige Assicurazioni, 1896 nach Plänen zweier namhafter Prager Architekten erbaut, war ein typischer Gründerzeit-Renommierbau und lag am Wenzelsplatz (Ecke Jindřichșská), der architektonischen Visitenkarte des modernen Prag. Der »Dienst« nahm Kafka völlig in Anspruch, er hat während dieser Zeit kaum etwas zu Papier gebracht. Wer erwartet hatte, daß ihm mit der Berufsarbeit schon die poetischen »Flausen« vergehen würden, konnte sich also voll bestätigt fühlen.

Dabei sah Kafka dank seines Arbeitgebers die Chance, dem »Mütterchen« Prag entfliehen zu können. Am 8. Oktober 1907 schreibt er an Hedwig Weiler: »Ich [...] habe immerhin Hoffnung selbst auf den Sesseln sehr entfernter Länder einmal zu sitzen, aus den Bureaufenstern Zuckerrohrfelder oder mohamedanische Friedhöfe zu sehn.« Das war eine tröstliche Aussicht, die sich zunächst noch gegen die Trostlosigkeit der Beschäftigung aufbieten ließ. Aber anfängliche Begeisterung für die beruflichen Aktivitäten war Kafka auch später nicht fremd. Ebenfalls als schwacher Nachhall dieser Überschwenglichkeit ist seine Beteuerung zu verstehen, »das Versicherungswesen selbst interessiert mich sehr«.

18 Handschriftlicher Lebenslauf, den Kafka für sein Anstellungsgesuch bei der Assicurazioni Generali anfertigte

19 Hedwig Weiler (1888–1953)

Nur überwiegen schnell die Klagelieder. Eines ist wiederum an Hedwig Weiler adressiert. Franz Kafka hatte sie in Triesch bei seinen Verwandten kennengelernt, nun schmiedeten sie brieflich gemeinsame Zukunftspläne. Das Schreiben informiert nebenbei über einen Wohnungswechsel der Kafkas, die seit 1907 in der moldaunahen Nikolausgasse 36 zu Hause sind (das Gebäude steht nicht mehr, die Straße heißt seit 1926 Pařížská). Kafka stellt hier eine heikle Verbindung zwischen seiner Büroarbeit und seiner Anschrift her: »Weißt Du, ich hatte eine abscheuliche Woche, im Bureau überaus viel zu thun, vielleicht wird das jetzt immer so sein, ja man muß sich sein Grab verdienen […]. Ich paßte vorige Woche wirklich in diese Gasse in der ich wohne, und die ich nenne ›Anlaufstraße für Selbstmörder‹ denn diese Straße führt breit zum Fluß.« Damals war die Svatopluk-Čech-Brücke erst wenige Jahre fertiggestellt, die dem potentiell Lebensmüden dann doch eine Alternative bot: »Denn es wird immer schöner bleiben über die Brücke auf das Belvedere zu gehn, als durch den Fluß in den Himmel.« Doch nach Scherzen war ihm bald nicht mehr zumute. Die Büroarbeit wurde unerträglich, »es gab da«, schreibt er an Felice Bauer, »eine gewisse Stelle in einem kleinen Gang, der zu meinem Bureau führte, in dem mich fast jeden Morgen eine Verzweiflung anfiel, die für einen stärkeren, konsequenteren Charakter als ich es bin überreichlich zu einem geradezu seligen Selbstmord genügt hätte.« (18. November 1912)

Der andere Lebensmittelpunkt: Die Arbeiter-Unfall-Versicherung

Schon Anfang 1908 war die Arbeit bei der Assicurazioni vollends unerträglich geworden, eine Alternative mußte gefunden werden. Nun half Ewald Felix Příbram, dessen Vater Otto der Arbeiter-Unfall-Versicherungsanstalt für das Königreich Böhmen präsidierte. Dieser hohen Protektion verdankte Franz Kafka seine Einstellung, sonst wäre ihm als Juden die halbstaatliche »Anstalt« wohl verschlossen geblieben.

Allerdings hatte Kafka einiges dafür getan, daß sich diese Einstellung als »Aushilfsbeamter« (zum 1. Juli 1908) auch fachlich ohne weiteres rechtfertigen ließ. Im Frühjahr hatte er an der Prager Handelsakademie einen »Kurs für Arbeiter-Versicherung« besucht, das Abschlußzeugnis nannte seine Leistungen in allen Fächern »vorzüglich«. Dozent war Dr. Robert Marschner (1865–1934), ein ausgewiesener Experte auf dem Gebiet der Sozialversicherung. Er sollte später in der »Anstalt« Kafkas höchster Vorgesetzter werden.

Die Arbeiter-Unfall-Versicherungsanstalt versicherte die Beschäftigten gegen das – teilweise erhebliche – Risiko eines Arbeitsunfalls; erst 1889 gegründet, gehörte sie zu den Reforminstitutionen der Monarchie. Böhmen war deren industriell höchstentwickelter Landesteil, die hiesige Anstalt für ein Drittel aller gewerblichen Arbeitnehmer und knapp 47 % aller Unternehmen Österreich-Ungarns zuständig. Den Löwenanteil mußten die Unternehmer in die Fonds dieser Anstalt einzahlen: Als versiche-

20 Das Dienstsiegel der Arbeiter-Unfall-Versicherungsanstalt in Prag

rungspflichtig galt, wer Maschinenkraft verwendete und mehr als 20 Arbeiter beschäftigte. Die Höhe der Beiträge richtete sich nach der Gefahrenklasse, in die der jeweilige Betrieb eingeteilt war.

Bezog Kafka also zuvor von einer Privat-, genauer Feuer-, Lebens- und Transportversicherung, sein kümmerliches Gehalt, erhielt er nun seine (zunächst nicht sehr viel üppigeren) Bezüge von einem Sozialversicherer. Damit war Kafka Angehöriger des öffentlichen Dienstes. Er und nur er kannte einen »Dienst mit einfacher Frequenz«, das heißt einer Arbeitszeit von 8 bis 14 Uhr. Kafka konnte demnach hoffen, daß ihm mehr Zeit für die schriftstellerische Arbeit bleiben würde.

Aber zweifellos diktierte keineswegs nur dieses egoistische Motiv die Stellensuche. Zumindest während der ersten vier Jahre »im Amt« hat Kafka engagiert gearbeitet, er war – wie ihm noch die heutigen Zunftkollegen bestätigen – ein Sozialrechtler von Format. Damit nicht genug: Dieser so gerne als weltfremd apostrophierte Autor hatte durch seine Arbeit jedenfalls einen sehr viel tieferen Einblick in die soziale Wirklichkeit, als sich die Kafka-Interpreten lange träumen ließen.

Schon von Beginn an nutzte der Arbeitgeber die literarischen Fähigkeiten Kafkas, der das monströse Vokabular des k. k.-Beamtenstands weitgehend zu vermeiden wußte. Seine Arbeit als »Gebrauchsschriftsteller« ist gut dokumentiert, die erste Veröffentlichung datiert noch ins Jahr 1908 und trägt den Titel ›Umfang der Versicherungspflicht der Baugewerbe und der baulichen Nebengewerbe‹. Darin spricht der Autor ebenfalls die Aufgaben und Schwierigkeiten der Anstalt im allgemeinen an: »Wenn den Interessen der Arbeiter [Schutz möglichst vieler Arbeiter, Entschädigung möglichst vieler Unfälle] und den Interessen der Unternehmer [möglichst niedrige Beiträge durch gerechte Verteilung auf möglichst viele Unternehmer] entspro-

Jede einzelne Betriebskategorie behauptet, ihre Unfallgefahr werde überschätzt und sie bezahle daher zu hohe Prämien. Demgegenüber beklagen sich die Arbeiter über die gänzlich unzulänglichen Leistungen der Unfallversicherung. Die Versicherungsanstalten stehen ohne Verschulden im Mittelpunkt dieser Angriffe und werden öffentlich als die »bestgehaßten« Institute bezeichnet.

Österreichisches Staatswörterbuch zu den Arbeiter-Unfall-Versicherungen, Bd. 1, Wien 1905, S. 290

chen sein wird, dann wird
auch dem Interesse der Anstalt entsprochen sein. Sie
wird dann nicht mehr offener
und heimlicher Feindseligkeit
auf beiden Seiten begegnen,
wie dies heute leider oft geschieht, da man sich ange-
wöhnt hat, die Anstalt als Ur-
heberin aller Mißstände des
Unfall-Versicherungswesens
anzusehn, während sie doch
nur die schuldlose Repräsen-
tantin eines vielleicht unzu-
reichenden, in diesem Falle
überdies unzureichend inter-
pretierten Gesetzes ist.«

21   Franz Kafka, Ende 1910

Besonders heftigen Angriffen war die Anstalt von seiten der
Unternehmer ausgesetzt. Meist stuften sie ihre Betriebe in eine
zu niedrige Schadensklasse ein und verantworteten damit wesentlich die anfangs horrenden Defizite der Institution. Es gehörte zu Kafkas Aufgaben, ihre Einsprüche gegen die Festle-
gung von Beiträgen zu bearbeiten. 1911 veröffentlichte er in der
›Tetschen-Bodenbacher Zeitung‹ einen, wenn nicht zwei Artikel
über ›Die Arbeiterunfallversicherung und die Unternehmer‹. Er
stellt darin die »erste aktive Bilanz seit dem Jahre 1893« heraus
und führt sie auf den endlich gewachsenen Kontrolleifer seiner
Behörde zurück. Die beachtlichen Mehreinnahmen verdanken
sich Nachforderungen, die wegen »doloser Hinterziehungen
großer Betriebe« in den vergangenen Jahren angefallen waren.

Der Neuling wurde auch im Bereich »Unfallverhütung« eingesetzt. Hier hatte Böhmen großen Nachholbedarf, und für die

Sein soziales Gefühl wurde mächtig aufgewühlt, wenn er die Verstümme-
lungen sah, die sich Arbeiter infolge mangelhafter Sicherheitsvorkehrun-
gen zugezogen hatten. »Wie bescheiden diese Menschen sind«, sagte er
mir einmal mit ganz großen Augen. »Sie kommen zu uns bitten. Statt die
Anstalt zu stürmen und alles kurz und klein zu schlagen, kommen sie bitten.« – Das sagte Kafka lange vor dem Krieg, vor den Revolutionen.
Max Brod in einem Beitrag für die Zeitschrift
›Die literarische Welt‹ Nr. 18 (1928)

Anstalt stellte dieses Aufgabenfeld eine ganz neue Dimension dar: Es ging eben nicht um die Schadensfälle, sondern um deren Verhinderung. Wiederum begnügte sich Kafka keineswegs mit Verwaltungsakten, sondern äußerte sich auch zur Sache selbst. Davon legt seine Studie ›Unfallverhütungsmaßregel bei Holzhobelmaschinen‹ (1910) eindrucksvoll Zeugnis ab.

Für seine Arbeit fehlten dem Juristen Kafka zunächst die technischen Kenntnisse. Zu ihrem Erwerb besuchte er Vorlesungen an der Deutschen Technischen Hochschule in Prag, er selbst hat die Anstalt um diese zusätzliche Qualifizierung gebeten. So konnte er nicht nur die rechtlichen Tatbestände würdigen, sondern den Einspruchs»parteien« auch auf inhaltlicher Ebene Paroli bieten. Die sprachliche Präzision seiner Arbeiten verdankt sich demnach nicht zuletzt der intensiven Einarbeitung in die Materie. Die Vorgesetzten beurteilten ihn als »vorzügliche Konzeptskraft«. Nach 15 Monaten faßt ein Zeugnis bündig zusammen: »Dr. Kafka ist ein eminent fleißiger Arbei-

22   Der Aktenschrank als Lebensperspektive – Jeremy Irons in Steven Soderberghs ›Kafka‹, 1992

ter von hervorragender Begabung und hervorragender Pflicht-
treue.«

Diese Wertschätzung schlug sich in den Beförderungen nieder, wobei die seltsamen »Rangstufen« und bizarren Amts-
wendungen aus heutiger Sicht zweifellos gewöhnungsbedürf-
tig sind. Nach einem Jahr und zwei Monaten rückte Kafka zum
Praktikanten auf und hatte damit die niedrigste Beamtenstufe
erreicht. Am 1. Mai 1910 folgte die Ernennung zum »Concipi-
sten«, verbunden mit der Einreihung in die »3. Gehaltstufe der
I. Rangklasse« sechs Monate später. Ab März 1913 durfte Kafka dann den Titel »Vicesekretär« führen. Nach Erstem Weltkrieg und Staatsgründung der Tschechoslowakei wird er am
25. April 1919 Sekretär – trotz etlicher krankheitsbedingter
Fehlzeiten. Die Úrazové pojišt'ovny dělnické – wie die Anstalt
nun heißt – hat auch weiterhin Kafkas vielen Bitten um Genesungsurlaub stets entsprochen. Dem schon schwer erkrankten
Mitarbeiter gewährt sie »laut Dekret vom 14. Februar 1922«
noch den Titel »Obersekretär«, im Juli wird er dann »teilpensio-
niert«. Nur kann schon ab dem 11. September 1917 kaum noch
die Rede davon sein, daß Kafka »in Diensten« der Anstalt
steht. Nach dem Blutsturz bittet er zum erstenmal um Pensionierung; sein Gesuch wird abschlägig beschieden.

Als er freilich im Dezember 1912 um eine Gehaltserhöhung
nachsucht, zieht Kafka alle Register. Mit ganz ungewohnter
Entschiedenheit wünscht er eine »durchgreifende Regelung«.
Zwingende Gehaltsvergleiche werfen ein derart krasses Licht
auf seine Benachteiligung, daß die Bürokratie all ihre Gefühl-
losigkeit wird aufgebracht haben müssen, um seinen Vorstellungen erst drei Monate später zu entsprechen. Dieser Text ist
der einzige, aus dem wirklich so etwas wie Aufmüpfigkeit
des »ergebenst Gefertigten« spricht.

Selbst die Hand des vorsichtigsten Arbeiters mußte in die Messerspalte
geraten beim Abrutschen, bezw. bei dem nicht selten vorkommenden
Zurückschleudern des Holzes, wenn er mit der einen Hand das zu ho-
belnde Stück auf den Maschinentisch aufdrückte und es mit der anderen
Hand der Messerwelle zuführte. Dieses Emporheben und Zurückschleudern des Holzes war weder vorherzusehen, noch zu verhindern. [...] Ein
solcher Unfall aber ging nicht vorüber, ohne daß mehrere Fingerglieder,
ja selbst ganze Finger abgeschnitten wurden.
›Unfallverhütungsmaßregel bei Holzhobelmaschinen‹ (1910)

Die Arbeit ist Kafka also nicht krankheitshalber zur Qual geworden. Trotz anfänglicher Einsatzfreude, trotz unüberhörbarem Stolz auf die ersten Veröffentlichungen erlischt das Interesse, später ist seine Charakteristik des Arbeitsplatzes von kaum überbietbarer Deutlichkeit: »Dort im Bureau ist die wahre Hölle, eine andere fürchte ich nicht mehr«, schreibt er an Felice Bauer. So zugespitzt ist das nur die halbe Wahrheit. Denn zur Skylla wird das »Bureau« erst durch die Charybdis »Schreibtisch«. Die Klagen über den Zwiespalt von Brot- und schöpferischer Arbeit werden mit den Jahren immer schriller. Nach einer Mitteilung an Felice Bauer kann er »fast hören, wie ich von dem Schreiben auf der einen Seite und vom Bureau auf der anderen fast zerrissen werde«. Und schon in einer Tagebuchnotiz vom 3. Oktober 1911 benennt er das Problem in der ihm eigenen Metaphorik, die paradoxerweise immer darauf hinauswill, das Unglück am eigenen Leib zu erfahren: »Beim Diktieren einer größern Anzeige an eine Bezirkshauptmannschaft im Bureau. Im Schluß, der sich aufschwingen sollte, blieb ich stecken […]. Endlich habe ich das Wort ›brandmarken‹ und den dazu gehörigen Satz, halte alles aber noch im Mund mit einem Ekel und einem Schamgefühl wie wenn es rohes Fleisch wäre (solche Mühe hat es mich gekostet). Endlich sage ich es, behalte aber den großen Schrecken, daß zu einer dichterischen Arbeit alles in mir bereit ist und eine solche Arbeit eine himmlische Auflösung und ein wirkliches Lebendigwerden für mich wäre, während ich hier im Bureau um eines so elenden Aktenstückes willen einen solchen Glückes fähigen Körper um ein Stück seines Fleisches berauben muß.«

Zur Dienstmüdigkeit Kafkas hat sicher auch beigetragen, daß die Anstalt die Not der »Verunfallten« häufig nur verwaltet hat. Wie schwer die Arbeitsunfälle auch sein mochten, im »Amt« ging es um Schriftstücke, und bis zur konkreten Hilfe zirkulierte

Durch dieses Schreiben, das ich ja in diesem regelmäßigen Zusammenhang noch gar nicht so lange betreibe, bin ich aus einem durchaus nicht musterhaften, aber zu manchen Sachen gut brauchbaren Beamten […] zu einem Schrecken meines Chefs geworden. Mein Schreibtisch im Bureau war gewiß nie ordentlich, jetzt aber ist er von einem wüsten Haufen von Papieren und Akten hoch bedeckt, ich kenne beiläufig nur das, was obenauf liegt, unten ahne ich bloß Fürchterliches.

An Felice Bauer, 3. Dezember 1912

eine Akte oft lange in der jeweiligen Abteilung. Die schleppende Reaktion, die abstrakte Behandlung konkreten Elends gingen auf Dauer an die Substanz. Zu Recht führt Max Brod in seiner Kafka-Biographie aus, daß sich die »Welt- und Lebenskenntnis« des Autors »aus dem Getriebe schleppenden amtlichen Geschäftsgangs, dem stagnierenden Leben der Akten« speiste.

Damit spricht Brod auch die produktive Dialektik von Bureau und Scheibtisch an, die Kafka selbst aber nie als solche wahrnahm. Er sah im »Beamten« nur den Fluchtpunkt seiner Verhängnisperspektive. Im Rückblick urteilt er: »In einem gewissen Sinn schmeckte mir das gerade, [...] denn das alles entsprach vollkommen meiner Lage. Jedenfalls zeigte ich hier erstaunliche Voraussicht, schon als kleines Kind hatte ich hinsichtlich der Studien und des Berufs genug klare Vorahnungen. Von hier aus erwartete ich keine Rettung, hier hatte ich schon längst verzichtet.«

Sein Verdacht ging sogar dahin, daß er das Beamtentum verinnerlicht habe. Es ist mehr als eine bloße Feststellung, wenn er an Milena Jesenská schreibt: »Bedenke doch, Milena, das Bureau [...] ist mein bisheriges Leben«. Schon viel früher hatte er sich »beamtenmäßige Zukunftsfurcht« attestiert und – wie taktisch die Formulierungen gegenüber Felice Bauer auch motiviert sein mögen – ausdrücklich ihre selbständige Arbeit bewundert. Er dagegen wiche »Verantwortungen [aus] wie eine Schlange« (Brief vom 11./12. Dezember 1912). Kafkas Berufswahl gehorchte offensichtlich nicht allein der Not des Geldverdienens. Es war ebenfalls – vielleicht sogar noch mehr – eine innere Zwangsläufigkeit, die den Dichter an das »Amt« band.

Übrigens hat die Staatsgründung auch zur Folge, daß Kafka Ende 1918 als »tajemník« und nicht als Sekretär fungiert. Er muß sich nun im Schriftverkehr der Anstalt des Tschechischen bedienen, einer Sprache, die er beherrscht, in der er aber eben nicht zu Hause ist. Schwester Ottlas Gatte Josef David, Tscheche

---

Sehr wichtig war die Hilfe von **Josef David**, wenn Franz Kafka Briefe auf Tschechisch abfassen muß. Anfang Januar 1924 bedankt er sich bei Ottla »für die Übersetzungen, sie fast so gut wie Marmelade«; beide Briefe gehen wieder an die »Anstalt«. Im Begleitschreiben heißt es: »Das wären zwei Übersetzungen, sie sind nicht groß, nicht wahr? (Dafür war allerdings die vorige wohl eine schreckliche Arbeit! Was soll ich armer Junge [...] jetzt tun, nachdem ich nun schon einmal die Lüge meines prachtvollen Tschechisch, eine Lüge, die wahrscheinlich niemand glaubt, in die Welt gesetzt habe) und da sie nicht groß sind, könnte ich sie bald haben?«

und überdies promovierter Jurist, stand ihm bei wichtigeren Schreiben zur Seite. Sonst hielten sich die Veränderungen bei der Anstalt für Kafka in Grenzen.

In den Jahren der Krankheit wird seine Beurteilung der Brotarbeit nicht schonungsloser, sondern duldsamer. Das hat zwei einsichtige Gründe: Einmal bleibt Kafka dem Dienst immer häufiger fern, dann verhält sich die Anstalt ihm gegenüber sehr nobel. Das verdient deshalb besondere Aufmerksamkeit, weil seine »deutschen« Vorgesetzten nach der Staatsgründung ihre Ämter verloren. Freilich schätzte Kafka das Wohlwollen der neuen, tschechischen Anstaltsleitung (im März 1921) gegenüber Max Brod eher skeptisch ein: »Nun noch einiges über den Direktor. Er ist ein guter freundlicher Mensch, besonders zu mir war er außerordentlich gut, allerdings haben dabei auch politische Gründe mitgespielt, denn er konnte den Deutschen gegenüber sagen, er habe einen der ihrigen außerordentlich gut behandelt, aber im Grunde war es doch nur ein Jude.«

Sonst bleibt Kafka wenig mehr, als um Krankheitsurlaube zu bitten und für deren Gewährung »in tiefer Ehrfurcht« zu danken. Jetzt erscheint ihm die Anstalt sogar als Stütze. Gegenüber Max Brod, dem intimen Kenner seines beruflichen Leidenswegs, betont er, »daß es [das Bureau, D. A.] sogar noch eher mich aufrecht gehalten hat, als ich bewußtlos durch die Tage nur taumelte.« Während seiner Anwesenheit dort hat er ein schlechtes Gewissen wegen seiner geringen Arbeitsleistung, und obendrein wie zu Schulzeiten Furcht vor Entlarvung und großem Donnerwetter seitens der übergeordneten Autoritäten. Nichts dergleichen geschieht; fassungslos nimmt er Ende Mai 1920 zur Kenntnis, wie beharrlich sein Arbeitgeber an ihm festhält. »Es ist doch sinnlos, einen Beamten zu halten, den man für so erholungsbedürftig hält, daß man immer wieder ihm Urlaub geben will. Oder ist es das Zeichen weiteren Weltuntergangs?«

»Nur so kann geschrieben werden« – Jahre des Durchbruchs

Der Eintritt in die Arbeiter-Unfall-Versicherung bedeutete zweifellos eine Herausforderung, und sie ließ Kafka zu literarischer Produktion kaum Zeit respektive Muße. Gut drei Monate vor Beginn seiner Tätigkeit war ihm die erste Veröffentlichung gelungen. Unter dem Titel ›Betrachtung‹ erschienen im ersten Heft der Zeitschrift ›Hyperion‹ acht kurze Prosastücke, die er Ende 1907 eingeschickt hatte, deren Entstehung also noch weiter zurückreicht. Franz Blei (1871–1942), umtriebiger Herausgeber und Literat, hatte übrigens auch mit dieser Gründung wenig Erfolg. Schon im nächsten Jahr mußte ›Hyperion‹ eingestellt werden, nicht ohne daß im Mai 1909 noch zwei Texte Kafkas (›Der Beter‹, ›Gespräch mit einem Betrunkenen‹) erschienen. Sie verdankten sich der ersten Fassung seiner ›Beschreibung eines Kampfes‹. Grund genug für den nicht unkritischen, aber gleichwohl rühmenden Nachruf Kafkas auf ›Hyperion‹. Er trug den schönen Titel ›Eine entschlafene Zeitschrift‹ und erschien März 1911 in der Prager Tageszeitung ›Bohemia‹.

Insgesamt aber veröffentlicht Kafka bis Anfang 1912 nur noch wenig. Bei den genuin literarischen Texten bleibt nur der unbefriedigende Rückgriff auf ältere Versuche, außerdem bringt er zwei kurze Besprechungen zu Papier. Die interessanteste aktuelle Publikation verdankt sich bezeichnenderweise einer Reise mit Max Brod und seinem Bruder Otto. Im September 1909 fahren die drei nach Riva am Gardasee. Die »Frucht« eines Ausflugs ist der Bericht ›Die Aeroplane in Bre-

Sehr geehrter Herr Rohwolt [richtig Rowohlt, D. A.]! Hier lege ich Ihnen die kleine Prosa vor, die Sie zu sehen wünschten; sie ergibt wohl schon ein kleines Buch. Während ich sie für diesen Zweck zusammenstellte, hatte ich manchmal die Wahl zwischen der Beruhigung meines Verantwortungsgefühls und der Gier, unter Ihren schönen Büchern auch ein Buch zu haben. Gewiß habe ich mich nicht immer ganz rein entschieden. Jetzt aber wäre ich natürlich glücklich, wenn Ihnen die Sachen auch nur soweit gefielen, daß Sie sie druckten. Schließlich ist auch bei größter Übung und größtem Verständnis das Schlechte in den Sachen nicht auf den ersten Blick zu sehen. *Anschreiben zum Manuskript der ›Betrachtung‹*

23   Riva del Garda. Bildpostkarte, um 1905

scia‹, der kurz darauf (am 28. September) in der Prager Tageszeitung ›Bohemia‹ abgedruckt wird.

Augenscheinlich hat Max Brod auch hier den Anstoß gegeben.
Um den Schreibschwierigkeiten des Freundes beizukommen,
verfiel er auf die Idee eines Konkurrenzunternehmens, sein Artikel über das Flugmeeting erschien fast ein halbes Jahr später.
Die Gelegenheitsarbeit Kafkas verdient deshalb Beachtung,
weil sie ein Schlaglicht auf sein Interesse an neuer Technik
wirft. Obwohl alle drei bisher noch kein Flugzeug gesehen hatten, muß Kafkas Neugier am größten gewesen sein. Laut Max
Brod war ihm besonders am Besuch des Flugmeeting gelegen.

Zwar scheitert Kafka fast kläglich in seinem Bemühen, der
Veranstaltung als gesellschaftlichem Ereignis gerecht zu wer-
den, aber er vermittelt etwas von der neuen Faszination des
Fliegens. »Jeder (Flieger, D. A.) treibt das Publikum in die Höhe,
auf die Strohsessel hinauf, auf denen man mit ausgestreckten
Armen zugleich sich in Balance hält, zugleich auch Hoffnung,

> »Wir werden parallele Reisetagebücher führen«, erklärte ich mit Ent-
> schiedenheit. Und tatsächlich erlebte ich die Freude, daß Franz meinen
> Gedanken begeistert aufgriff. Aus den Notizen […] entstand unsere erste
> Gemeinschaftsarbeit, die Beschreibung des ersten Flugmeetings, das wir
> in Brescia […] erlebten.
>
> *Max Brod, ›Franz Kafka. Eine Biographie‹, 1937*

Angst und Freude zeigen kann.« Ganz auf der Höhe seines Könnens ist der Autor, wenn er diese Faszination im Beiläufigen sich ebenso spiegeln wie brechen läßt. »Ungeheure in ihren Wägelchen fettgewordene Bettler strecken uns ihre Arme in den Weg, man ist in der Eile versucht, über sie zu springen.«

Brod lockte nicht nur mit dem Wettstreit, sondern ebenfalls mit dem Gegenteil, einer Gemeinschaftsarbeit. Ursprünglich kam die Idee von Kafka, aber der Freund hat sie sehr viel zäher verfolgt. Beider Geschichte ›Richard und Samuel‹ gedieh allerdings nie über die Einleitung hinaus, die 1912 im ersten Jahrgang der Prager ›Herderblätter‹ veröffentlicht wurde. Kafka war mit dieser Koproduktion bald alles andere als glücklich; daß er nach diesem Strohhalm griff, zeigt nur, wie sehr auch ihm daran lag, überhaupt wieder zum Schreiben zu kommen.

Nach dem veröffentlichten Kapitel sollte es ein Roman in Tagebuchform werden, wie für Kafka überhaupt das Tagebuch als Retter in der Schreibnot fungieren sollte. Einmal mehr auf Vorschlag von Max Brod begann er sein Diarium 1909, der genaue Zeitpunkt läßt sich allerdings nicht festlegen. Der erste selbstdatierte Eintrag stammt vom 18./19. Mai 1910, der endgültig letzte vom 12. Juni 1923. Es ist der einzige Eintrag im Jahr vor seinem Tod. Nachdem die Aufzeichnungen ab 1916 immer spärlicher werden (das historisch so markante Jahr 1918 fehlt ganz), häufen sich die Einträge nur 1922 noch einmal.

Weil das Tagebuch als Gegengift zur »Schaffenskrise« gedacht war, enthält es nur relativ wenige Aufzeichnungen aus dem Alltag. Die insgesamt zwölf Hefte sind vielmehr Ideen-, Skizzen-, ja Textreservoir, manche fragmentarischen Bemerkungen haben eine deutliche Tendenz zum Aphorismus. Auffällig der hohe Anteil von Reflexionen über das eigene Schreiben, über die so erwünschte, aber verwehrte Schriftsteller-Existenz. Auch Träume hält Kafka häufig fest, und zuweilen nicht nur

Annonciert wird ›**Richard und Samuel – Eine kleine Reise durch mitteleuropäische Gegenden**‹ als »die parallelen Reisetagebücher zweier Freunde verschiedenen Charakters«. Auch die Zielsetzung und der eigene Reiz des Projekts werden ziemlich klar umrissen: »Die vielen Nüancen, deren Freundschaftsbeziehungen zwischen Männern fähig sind, darzustellen und zugleich die bereisten Länder durch eine widerspruchsvolle Doppelbeleuchtung in einer Frische und Bedeutung sehn zu lassen, wie sie oft mit Unrecht nur exotischen Gegenden zugeschrieben werden: ist der Sinn dieses Buches.«

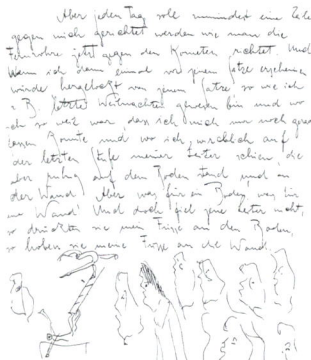

24 Eine der ersten Seiten aus dem Tagebuch, das Kafka seit 1909 führte.

seine eigenen. Der Selbstvergewisserung dienen die vielen Rückblicke auf seine Jugend. Manchmal zeigt das Diarium Verknüpfungen, dank derer sich selbst die eine oder andere spektakuläre Metapher ganz einfach erklären läßt. Wie oft ist als Motto, ja Motivation des Tagebuchführens der Satz zitiert worden: »Aber jeden Tag soll zumindest eine Zeile gegen mich gerichtet sein, wie man die Fernrohre […] gegen die Kometen richtet«? Über der folgenden Notiz, datiert auf den 17./18. Mai 1910, steht »Kometennacht« (und tatsächlich zeigte sich der Halleysche Komet eine Nacht später).

»Ein Vorteil des Tagebuchführens besteht darin, daß man sich mit beruhigender Klarheit der Wandlungen bewußt wird, denen man unaufhörlich unterliegt […]. Im Tagebuch findet man Beweise dafür, daß man selbst in Zuständen, die heute unerträglich erscheinen, gelebt, herumgeschaut und Beobachtungen aufgeschrieben hat, daß also diese Rechte sich bewegt hat wie heute, wo wir zwar durch die Möglichkeit des Überblickes über den damaligen Zustand klüger sind, aber desto mehr die Unerschrockenheit unseres damaligen in lauter Unwissenheit sich dennoch erhaltenden Strebens anerkennen müssen.«

Sollte diese retrospektive Einsicht tatsächlich »ein Vorteil des Tagebuchschreibens« sein, dann hat ihn der Schreiber für sich selbst kaum je genutzt. Das Tagebuch ist seine Klagemauer,

Ist der Wald noch immer da? Der Wald war noch ziemlich da. Kaum aber war mein Blick zehn Schritte weit, ließ ich ab[,] wieder eingefangen vom langweiligen Gespräch.
Eine der ersten Tagebucheintragungen Kafkas

mehr noch als die Briefe. Beim nicht betroffenen Leser setzt sich der Eindruck fest, Kafka wolle jede Möglichkeit, dem Leben positive Aspekte zuzugestehen, von vornherein bestreiten. Deshalb ist die Versuchung groß, diese Gnadenlosigkeit für ein bloßes Prinzip, mehr noch für einen bloßen Mechanismus zu halten. Sie hat etwas von negativer Koketterie. Dagegen enthält auch das Tagebuch rückhaltlose Bekenntnisse zur Literatur. Aber es gibt hier ebenfalls eine Spaltung seines Literaturbegriffs, eben die Literatur, die er ohne Rest ist oder doch sein will, und die Literatur, der er sich nicht gewachsen sieht. Und da es immer nur bei schwachen Versuchen bleibt, sich für eine ausschließlich literarische Existenz zu entscheiden, ist von vornherein die Möglichkeit ausgeschlossen, den eigenen Ansprüchen zu genügen.

Ein etwas anderer Ton prägt jene Notizen, die auf den Reisen entstanden. Er bestätigt das sicher euphorische Zeugnis Max Brods, sie beide seien während der gemeinsamen Urlaube wie verwandelt gewesen. »Alle Sorgen, alle Verdrießlichkeiten blieben in Prag zurück.« Wenigstens hat Kafka außerhalb von Prag eine Unbefangenheit der Beobachtung, die nicht gleich darauf aus ist, irgendeinen Schleier zu zerreißen. Die beiden Freunde fassen sogar den Plan, Reiseführer zu veröffentlichen, und das unter dem ziemlich heutigen Reihentitel »Billig reisen«.

Großen Raum nimmt in den Jahren 1911/1912 die Begegnung mit einer jiddischen Schauspielertruppe ein. Hatte 1910 das Gastspiel eines anderen Ensembles Kafka offenbar noch wenig beeindruckt, zeigt er sich ein Jahr später von den Aufführungen der Lemberger »Gesellschaft« in einer Weise fasziniert, die über ein bloßes Theatererlebnis weit hinausgeht. Sie hatte zunächst vier Tage im Prager Hotel Central gespielt (dessen schöne Jugendstilfassade auch heute noch die Hybernskà 10 schmückt), war dann aber am 28. September in Hermanns Café Savoy um-

Vormittag mit Dr. Schiller im Wald. Der rote Boden und das von ihm aus sich verbreitende Licht. Das Sichaufschwingen der Stämme. Die schwebenden breiten flachbelaubten Äste der Buchen.
Tagebuch der Reise nach Weimar, 20. Juli 1912

gezogen, ein zweifellos sehr viel weniger respektabes Etablissement auf dem Terrain der ehemaligen Judenstadt.

Meist nutzten die Akteure den ersten Teil des Abends zu Soloauftritten, im zweiten Teil wurden dann Stücke jiddischer Autoren gezeigt. Es gab etliche Zeitgenossen, die Kafkas Begeisterung für dieses Theater nicht nur nicht teilten, sondern die Schauspielerei der Lemberger Truppe auch schlicht als »Schmiere« bezeichneten. Aber Kafka setzte sich für ihre Kunst mit ganz ungewohnter Entschiedenheit ein, er drängte den Zionistischen Verein, Aufführungsmöglichkeiten in der böhmischen Provinz zu sondieren, schrieb dann sogar selbst nach Trautenau: »Jedes Lesen des Briefes beruhigte und stärkte mich, so sehr war darin unausgesprochener Bezug auf alles Gute in mir genommen.« Und für das Ensemblemitglied Jizchak Löwy (»den ich im Staub bewundern möchte«, 14. Oktober 1911) organisierte er bis in die Details im Jüdischen Rathaus einen Rezitationsabend. Als dann Oskar Baum den Künstler doch nicht vorstellen konnte, hielt der öffentlichkeitsscheue Kafka den ›Einleitungsvortrag über den jüdischen Jargon‹. Im Tagebuch (25. Februar 1912) folgt die Selbstrezension, und noch einmal wird ein ganz anderer Ton laut: »stolzes, überirdisches Bewußtsein während meines Vortrages«.

Kafkas Einsatz für das jiddische Theater bezog also auch dessen Akteure mit ein. Eine besondere Freundschaft verband ihn mit Jizchak Löwy. Selbstverständlich mißbilligte Hermann Kafka den Umgang seines Sohnes, das Tagebuch überliefert den wohl typischen Vater-Spruch »Wer sich mit Hunden zu Bett legt steht mit Wanzen auf.« Die Sphäre, die den jüngeren anzog, war dem älteren höchst suspekt. Suspekt wohl auch deshalb, weil das »Ostjudentum« in den Augen der Prager Aufsteiger einen Standard verkörperte, der einem das eigene, mit viel Mühe hinter sich gelassene Elend wieder auf den Leib rücken ließ.

> Wenn Sie aber einmal Jargon ergriffen hat [...], dann werden Sie Ihre frühere Ruhe nicht mehr wiedererkennen. Dann werden Sie die wahre Einheit des Jargon zu spüren bekommen, so stark, daß Sie sich fürchten werden, aber nicht mehr vor dem Jargon, sondern vor sich. Sie würden nicht imstande sein, diese Furcht allein zu ertragen, wenn nicht gleich auch aus dem Jargon das Selbstvertrauen über Sie käme, das dieser Furcht standhält und noch stärker ist.
>
> *›Einleitungsvortrag über den Jargon‹, 18. Februar 1912*

Für den Sohn aber wirkte dieses Judentum wie eine Verheißung. Er formuliert seine Hoffnungen Anfang 1912, als sie sich schon wieder zerschlagen haben: »Die Eindrucksfähigkeit für das Jüdische in diesen Stücken verläßt mich […]. Bei den ersten Stücken konnte ich denken, an ein Judentum geraten zu sein, in dem die Anfänge des meinigen ruhen und die sich zu mir hin entwickeln und dadurch in meinem schwerfälligen Judentum mich aufklären und weiterbringen werden, statt dessen entfernen sie sich, je mehr ich höre, von mir weg.« Authentisches Judentum hieß für Franz Kafka eine Rückkehr zu den Wurzeln, eine Sicherheit, die sonst nirgends zu finden war. Das Identifikationsangebot ergreift ihn, mehr noch: Er findet einen emotionalen Zugang. So bemerkt er über den Vortrag der jüdischen Schauspielerin Flora Klug: »Bei manchen Liedern, der Aussprache ›jüdische Kinderloch‹, manchem Anblick dieser Frau, die auf dem Podium, weil sie Jüdin ist uns Zuhörer weil wir Juden sind an sich zieht, ohne Verlangen oder Neugier nach Christen, gieng mir ein Zittern über die Wangen.« (Tagebuch, 5. Oktober 1911)

Ganz abgesehen davon ließ sich hier eine Waffe im Kampf gegen den Vater schmieden. Dessen »Nichts an Judentum« war der wunde Punkt eines Machtmenschen, der doch mit sich ganz

25 Jizchak Löwy in der Rolle des »Wilden Mannes«

Max Brod hat wiederholt und mit der ihm eigenen Eindringlichkeit die Wendung zum Judentum in den letzten Lebensjahren von Franz dargestellt. Wir wissen, daß diese Wendung zunächst 1911/12 durch die Begegnung mit einer jüdischen Schauspielertruppe aus Polen eintrat, die in einem obskuren kleinen Kaffeehaus auf dem Ziegenplatz in Prag Vorstellungen gab und, in einem merkwürdigen Spiel des Schicksals, zu einem Wendepunkt im Leben von Franz wurde. Franz erlebte hier mit glühendem Herzen jenes Bild eines lebendigen Judentums, nach welchem seine Seele gedürstet hatte.   *Hugo Bergmann, 1966*

im Reinen scheint. Dabei geht es dem Sohn tatsächlich um das »Judentum«. Seine Einstellung zum angestammten Glauben bleibt zumindest ambivalent; die Auswanderung nach Palästina wird erst später ernsthaft erwogen.

Aber ausgerechnet der Plan einer Palästinareise steht am Anfang der Beziehung, die sein Leben nun wirklich einer Zerreißprobe aussetzen wird. In die Hand verspricht Felice Bauer (1887–1960) diese Palästinareise gleich bei ihrem ersten Zusammentreffen. Die Berlinerin besucht gerade die Eltern von Max Brod, als Franz Kafka am 13. August 1912 im Haus am Kohlenmarkt erscheint. Mit dem Freund will er die endgültige Textauswahl für sein erstes Buch festlegen. Ernst Rowohlt, nach dem der damals noch von ihm und Kurt Wolff geleitete Verlag hieß, hatte die Publikation angeregt, der Autor aus seinem schmalen Œuvre eine Auswahl treffen müssen, die bei normaler Schriftgröße gut 20 Seiten umfaßt hätte. Es war gleichwohl eine schwierige Geburt, und ohne die tatkräftige Hilfe Max Brods wäre es zu dieser Auswahl wohl gar nicht gekommen. Die nagenden Selbstzweifel Kafkas hatten ja ihre Berechtigung. Die Texte konnten als Talentproben gelten, aber als Summe einer sicher gebrochenen, doch immerhin mehrjährigen Schriftstellerexistenz nahmen sie sich vor Kafkas Ansprüchen sehr dürftig aus. Zwar hat er zu dieser Zeit ebenfalls das »Verschollenen«-(Amerika)-Projekt in Angriff genommen, doch quält er sich mit dem Text und spricht von den »Niederungen« des Romans.

Die Begegnung mit Felice Bauer hilft Kafka aus einer tiefen »Schreibkrise«. In den letzten Monaten des Jahres 1912 gelingt ein Durchbruch. Daß die Metapher auch das Abrupte des Vorgangs deckt, belegt der Tagebucheintrag vom 23. September 1912: »Diese Geschichte ›das Urteil‹ habe ich in der Nacht

Wir kennen doch beide ausgiebig charakteristische Exemplare von Westjuden, ich bin, soviel ich weiß, der westjüdischeste von ihnen, das bedeutet, übertrieben ausgedrückt, daß mir keine ruhige Sekunde geschenkt ist, nichts ist mir geschenkt, alles muß erworben werden, nicht nur die Gegenwart und die Zukunft, auch noch die Vergangenheit, etwas das doch jeder Mensch vielleicht mitbekommen hat, auch das muß erworben werden, das ist vielleicht die schwerste Arbeit, dreht sich die Erde nach rechts – ich weiß nicht, ob sie das tut – müßte ich mich nach links drehn, um die Vergangenheit nachzuholen. *An Milena Jesenská, November 1920*

vom 22 zum 23 von 10 Uhr abends bis 6 Uhr früh in einem
Zug geschrieben. Die vom Sitzen steif gewordenen Beine konnte ich kaum unter dem Schreibtisch hervorziehn. Die fürchter-
liche Anstrengung und Freude, wie sich die Geschichte vor mir
entwickelte wie ich in einem Gewässer vorwärtskam. Mehr-
mals in dieser Nacht trug ich mein Gewicht auf dem Rücken.
Wie alles gewagt werden kann, wie für alle, für die fremde-
sten Einfälle ein großes Feuer bereitet ist, in dem sie vergehn
und auferstehn. […] Nur so kann geschrieben werden, nur in
einem solchen Zusammenhang, mit solcher vollständigen
Öffnung des Leibes und der Seele.«

›Das Urteil‹ ist eine kurze »Geschichte«, in der kurzer Prozeß
gemacht wird. Das Urteil spricht der Vater über den Sohn,
nicht irgendeines, sondern ein Todesurteil. Dabei scheint anfangs alles in schönster, will sagen herkömmlicher Ordnung.
Der Vater hat sich nach dem Tod der Mutter aus dem Geschäft
weitgehend zurückgezogen und Sohn Georg den Erfolg auf
seiner Seite. Das übrigens auch gegenüber seinem Freund, der
vor etlichen Jahren nach Rußland ausgewandert ist, dort aber
immer mehr vereinsamt und selbst geschäftlich kaum reüssiert.
Georg hat gerade über einem Brief an diesen Freund gesessen
und darin – endlich – seine Verlobung mitgeteilt. Natürlich
zeigt ihn auch dieses Eheversprechen auf der Siegerseite. Die
Erwählte ist eine durch und durch respektable Partie, vervoll-
ständigt also das Bild geordneter Verhältnisse.

Den Brief in der Rocktasche, sucht Georg seinen Vater auf
und ihm wird mit einemmal bewußt, wie sehr der deutlich Ge-
alterte seine Hilfe braucht. Doch der mißtraut dieser Zuwen-
dung, seine bohrenden Fragen nach dem »Freund« in Peters-
burg haben einen lauernden Unterton. Auf dem Höhepunkt
der Sohnesfürsorge kippt dann die Erzählung. Der eben noch

Sieh nur die Namen! Es ist zu einer Zeit geschrieben, wo ich Dich zwar
schon kannte und die Welt durch Dein Dasein an Wert gewachsen war,
wo ich Dir aber noch nicht geschrieben hatte. Und nun sieh, Georg hat genau so viele Buchstaben wie Franz, »Bendemann« besteht aus Bende und
Mann, Bende hat so viel Buchstaben wie Kafka und die zwei Vokale stehn
an gleicher Stelle, »Mann« soll wohl aus Mitleid diesen armen »Bende« für
seine Kämpfe stärken. »Frieda« hat so viele Buchstaben wie Felice und
auch den gleichen Anfangsbuchstaben, »Friede« und »Glück« liegt auch
nah. »Brandenfeld« hat durch »feld« eine Beziehung zu »Bauer« und den
gleichen Anfangsbuchstaben.   *An Felice Bauer, 2. Juni 1913*

schwächliche Witwer begehrt mit fürchterlicher Energie gegen den Nachkommen auf. Er läßt sich nicht »zudecken«, also lebendig begraben. Überzeugt davon, daß der Sohn ihn vernichten will, vernichtet er den Sohn. Eilends vollzieht Georg an sich das vom Vater gesprochene Todesurteil.

Obwohl Kafka von diesem Text überzeugt war wie (mindestens bis dato) von keinem anderen, blieb er ihm doch auch rätselhaft. Keine andere Arbeit hat so viele Kommentare, ja Deutungsversuche ihres Autors provoziert, einschließlich einer Parodie auf das philologische Handwerk. Er hat sich in seinem Tagebuch und gegenüber Felice Bauer, der diese »Geschichte« gewidmet ist, mehrfach geäußert, ebenfalls zu Kurt Wolff als Verleger und später zu Milena Jesenská als Übersetzerin. Wie selbstverständlich hat auch Max Brod einen markanten Ausspruch des Freundes überliefert: »›Weißt du, was der Schlußsatz bedeutet? – Ich habe dabei an eine starke Ejakulation gedacht.‹« Der letzte Satz des ›Urteils‹ heißt: »In diesem Augenblick ging über die Brücke ein geradezu unendlicher Verkehr.«

»Die Geschichte ist wie eine regelrechte Geburt mit Schmutz und Schleim bedeckt aus mir herausgekommen und nur ich habe die Hand, die bis zum Körper dringen kann und Lust dazu hat.« (Tagebuch, 11. Februar 1913) Da täuschte sich der Autor: Gerade diese Erzählung sollte die Interpreten besonders stark anziehen. Und keiner durfte sich dem Fazit ihres Urhebers anschließen: »Das Urteil ist nicht zu erklären.« (An Felice Bauer, 16. Juni 1913) Vier Monate früher hatte Kafka im Tagebuch seinen umfassendsten Deutungsversuch unternommen. Er sieht einen »Blutkreislauf, der sich um Vater und Sohn zieht«,

»Nein!« rief der Vater, daß die Antwort an die Frage stieß, warf die Decke zurück mit einer Kraft, daß sie einen Augenblick im Fluge sich ganz entfaltete, und stand aufrecht im Bett. Nur eine Hand hielt er leicht an den Plafond. »Du wolltest mich zudecken, das weiß ich, mein Früchtchen, aber zugedeckt bin ich noch nicht. Und ist es auch die letzte Kraft, genug für dich, zuviel für dich! Wohl kenne ich deinen Freund. Er wäre ein Sohn nach meinem Herzen. Darum hast du ihn auch betrogen die ganzen Jahre lang. Warum sonst? […] Aber den Vater muß glücklicherweise niemand lehren, den Sohn zu durchschauen. Wie du jetzt geglaubt hast, du hättest ihn untergekriegt, daß du dich mit deinem Hintern auf ihn setzen kannst und er rührt sich nicht, da hat sich mein Herr Sohn zum Heiraten entschlossen!«   ›Das Urteil‹

26 Die Svatopluk-Čech-Brücke, erbaut 1906–1908. In dem Eckhaus auf der linken Seite (Niklasstraße 36) wohnten die Kafkas bis 1913.

erwähnt die Bedeutung der verstorbenen Mutter. Gegen die starken Familienbande könne Georgs Verlobte nichts ausrichten: »Die Braut, [...] die, da eben noch nicht Hochzeit war, in den Blutkreislauf [...] nicht eintreten kann, wird vom Vater leicht vertrieben.«

Und natürlich sah schon Kafka die überragende Bedeutung des »Petersburger Freundes«. »Der Freund ist die Verbindung zwischen Vater und Sohn, er ist ihre größte Gemeinsamkeit.« Georgs Nachdenken über ihn dient keineswegs nur der Exposition, sondern bezeichnet auch das Medium des Geschehens. Von dieser zunächst noch »flüchtige[n] traurige[n] Nachdenklichkeit« läßt sich die Hauptfigur tragen und weicht damit immer weiter vom Pfad der Lebens- wie Geschäftstüchtigkeit ab.

Die Übersetzung des Schlußsatzes ist sehr gut. In jener Geschichte hängt jeder Satz, jedes Wort jede – wenn's erlaubt ist – Musik mit »Angst« zusammen, damals brach die Wunde zum erstenmal auf in einer langen Nacht und diesen Zusammenhang trifft die Übersetzung für mein Gefühl genau.

An Milena Jesenská, die ›Das Urteil‹
ins Tschechische übertrug,
28. August 1920

Gedankenverloren verliert sich der gestandene Unternehmer
Georg Bendemann. Damit jedoch rückt er an den scheinbar
fernen Freund heran. So kann die Gemeinsamkeit von Freund
und Vater wachsen. Beide hat Georg bisher distanziert behandelt, doch als Georg dem Freund gedanklich Raum gegeben
hat, öffnet er sich auch dem Vater. Allerdings geht der Sohn immer noch davon aus, daß er das Heft in der Hand behält. Die
dem Freund zugedachte Wendung »altes Kind« trifft auch seinen Umgang mit dem Vater. Nur steigert sich bei aller vor-
dergründigen Präsenz die gedankliche Abwesenheit des Sohnes. Tatsächlich irritieren ihn die »Fangfragen« des Älteren,
verwirrt ihn deren bedrohlicher Unterton.

Spontane Schöpfung hin, Geburtsmetapher her: ›Das Urteil‹
hat einen sehr klaren Aufbau. Im ersten von drei fast gleich
langen Teilen legt Kafka den Köder aus, der den Sohn ins Dik-
kicht des Unterbewußten lockt, im zweiten wird der überle-
gene Sohn für seinen Fall vorbereitet, der Pfeil auf die Sehne
des Spannungsbogens gelegt. Im dritten Segment explodiert
die Handlung förmlich. Mit dem Herunterreißen der Decke of-
fenbart sich die ganze Macht der Vater-, genauer vielleicht der
Familienbindung. Sie ist stark genug, selbst den »Lauf der
Natur« auf den Kopf zu stellen.

Der schwache Vater hat Komödie gespielt. Seinem Ansturm
zeigt sich Georg nicht gewachsen, er verliert den klaren Kopf
und damit die Möglichkeit strategischen Handelns, geschweige
denn einer ernsthaften Gegenwehr. Trotzdem sah sich auch
Kafka nachträglich veranlaßt, den völligen Zusammenbruch
Georgs zu erklären. »Nur weil er selbst nichts mehr hat, als
den Blick auf den Vater, wirkt das Urteil, das ihm den Vater
gänzlich verschließt so stark auf ihn.«

Vor allem hat Georg den Freund nicht mehr. Er ist wie alles
»Gemeinsame […] um den Vater aufgetürmt, Georg fühlt es

Offensichtlich war es für Kafka
selbstverständlich, bei einer Darstellung des Vater-Sohn-Konflikts an
den gebürtigen Mährer **Sigmund
Freud** (1856–1939) zu denken. Im
Salon von Berta Fanta wurde
Freuds ›Psychopathologie des All-
tagslebens‹ (als Buch 1904 erschienen) diskutiert. Gegenüber Felix

Weltsch (Brief vom 22. September
1917) äußert der Freund die Bitte:
»Im zweiten Band der ›krankhaften
Störungen des Trieb- und Affekt-
lebens‹ (Onanie und Homosexualität)
von Dr. Wilhelm Stekel oder so ähnlich (Du kennst doch diesen Wiener,
der aus Freud kleine Münze macht),
stehn fünf Zeilen über die ›Verwand-

nur als Fremdes, Selbständiggewordenes, von ihm niemals genug Beschütztes, russischen Revolutionen Ausgesetztes«. Und wiederum Kafka an Felice Bauer: »»Die Geschichte steckt voll Abstraktionen, ohne daß sie zugestanden werden.« Der Freund ist ein abgespaltener, ein unterdrückter Part von Georgs Ich. Und aus der Perspektive des Vaters ist es sein besseres, jedenfalls das Ich, in dessen Namen er nun über die Hauptfigur als ausschließlich bürgerliche Existenz Gericht halten wird. Daß dieser Georg den Petersburger Freund so von oben herab behandelt, bedeutet Verrat am Repräsentanten des nichtalltäglichen Lebens, also an einem Teil seiner selbst, den er nie wirklich reflektiert und ins Bewußtsein gehoben hat. Mit dem Vater-Richter kann er nun Gewalt über ihn gewinnen. Hat der Ältere vorher geleugnet, Georgs Freund überhaupt zu kennen, ist er jetzt ein »Sohn nach meinem Herzen«. Als der Ältere zum »Schreckbild« wird, heißt es auch: »Der Petersburger Freund, den der Vater plötzlich so gut kannte, ergriff ihn wie noch nie. [...] Warum hatte er so weit wegfahren müssen!«

Georg Bendemann eröffnet die Reihe Kafkascher Figuren, die sich unter das Joch eines Alltags spannen lassen und damit dem Tod ausliefern. Nur spricht hier eben der Vater das Urteil, auf das hin der Sohn ins Wasser geht. Noch diese Selbsttötung begeht Georg als Referenz an die Familie: Er schwingt sich über das Brückengeländer »als der ausgezeichnete Turner, der er in seinen Jugendjahren zum Stolz seiner Eltern gewesen war«, fallen läßt er sich mit einem Ausruf der Anhänglichkeit (»Liebe Eltern, ich habe euch doch immer geliebt«). Diesem ingrimmig erzählten Ende des Sohnes geht der Tod des Vaters noch voran, mit dem Urteil über sein Kind spricht er auch das eigene.

Dieses Ende hat ebenfalls eine Märtyrerkonnotation; kaum zufällig ruft die Bedienerin beim Anblick Georgs »Jesus«. Nimmt man die euphorische Tagebuch-Eintragung über das ›Urteil‹

lung‹. Hast Du das Buch, dann sei so freundlich und schreib es mir ab.«
Im Juni 1921 äußert er sich über Karl Kraus und die »deutsch-jüdische Literatur« zum »›Vaterkomplex‹«: »Besser als die Psychoanalyse gefällt mir in diesem Fall die Erkenntnis, daß dieser ›Vaterkomplex‹, von dem sich mancher geistig nährt, nicht den unschuldigen Vater, sondern das Judentum des Vaters betrifft.« Wie gründlich sich Kafka mit Freuds Lehre auseinandergesetzt hat, ist freilich schwer zu ermitteln. Daß er als Autor jedoch den Ehrgeiz hatte, die ganze Komplexität seelischer Vorgänge zu erfassen und ästhetisch zu objektivieren, steht außer Frage.

hinzu, besonders die Metapher, »wie ich in einem Gewässer vorwärtskam«, dann läßt sich sogar an eine Wiederauferstehung denken. Aber zugegeben, diese Kombination zweier grundsätzlich verschiedener Textsorten setzt viel methodische Skrupellosigkeit voraus.

Wie Kafka selbst haben sich auch die Interpreten in seiner Nachfolge vor allem darum bemüht, den Zusammenbruch Georgs plausibel zu machen. Einige haben in dieser Erzählung Indizien für die stärkste Verdrängung beim Autor selbst gefunden: Die Verdrängung oder doch Abwehr seiner Homosexualität. Unter Berufung auf den Tagebucheintrag zum ›Urteil‹ »Gedanken an Freud natürlich« (22. September 1912) wird auch dessen Konzeption der (männlichen) gleichgeschlechtlichen Liebe herangezogen. Einmal abgesehen davon, daß diese Konzeption keineswegs unumstritten ist, stellt sich hier die grundsätzliche Frage, inwieweit Literatur überhaupt psychoanalytisch gedeutet werden kann: Selbst die behutsamsten Interpreten können den Sprung von der Erzählung in die Biographie des Verfassers nicht überzeugend vom Text des ›Urteils‹ her begründen.

Dieses Kapitel soll nicht schließen, ohne noch einmal auf Kafkas Schilderung seines Initiationserlebnisses zurückzukommen. Vielleicht forderten die Bilder im Tagebuch weniger Aufmerksamkeit (»mit Schmutz und Schleim aus mir herausgekommen«), führten sie nicht zu dem apodiktischen Schluß: »Nur so kann geschrieben werden.« Doch wenn nur so geschrieben werden kann, muß eine Arbeit auf Anhieb sitzen. Der Autor muß seiner Sache traumwandlerisch sicher sein – oder die Erzählung muß Fragment bleiben (vom Roman ganz zu schweigen). Bekanntlich attestierte sein Arbeitgeber Kafka, eine »vorzügliche Konceptskraft« zu sein. Die Literaturwissenschaftler können das nicht bestätigen.

Der andere Prozeß

Die Beziehung Kafkas zu Felice Bauer dauert etwa fünf Jahre, durch einen glücklichen Zufall blieben seine Briefe an Felice erhalten. Sie sind auch deshalb so wichtig, weil die beiden während der ganzen Zeit kaum zwei Monate zusammengewesen sind. Zwar fehlen die Antwortschreiben, dafür haben es die Briefe des Prager Absenders in sich. Es ist ein Epistelkatarakt, der vor ihrer ersten Verlobung auf die Empfängerin niedergeht, manchmal zwei Briefe an einem Tag. Am 20. September 1912, also gut fünf Wochen nach ihrer Begegnung im Hause Brod, wendet sich Kafka erstmals an das »sehr geehrte Fräulein«, sein letztes Schreiben datiert vom 16. Oktober 1917.

Die erste Erwähnung Felices im Tagebuch klingt wenig enthusiastisch: »Frl. Felice Bauer. Als ich am 13. VIII zu Brod kam, saß sie bei Tisch und kam mir doch wie ein Dienstmädchen vor. Ich war auch gar nicht neugierig darauf, wer sie war, sondern fand mich sofort mit ihr ab. Knochiges leeres Gesicht, das seine Leere offen trug. Freier Hals. Überworfene Bluse. […] Fast zerbrochene Nase. Blondes, etwas steifes reizloses Haar, starkes Kinn.«

Bliebe die Möglichkeit, daß Kafka von vornherein auf die gesellschaftlich approbierten Formen des Zusammenlebens aus war. Doch hinsichtlich seiner Ehetauglichkeit hegte er keinerlei Illusionen. So gewinnt schon am 9. November 1912 seine Einsicht die Oberhand: »Liebstes Fräulein! Sie dürfen mir nicht mehr schreiben, auch ich werde Ihnen nicht mehr schreiben. Ich müßte Sie durch mein Schreiben unglücklich machen und mir ist doch nicht zu helfen.«

Felice Bauer (1887–1960) arbeitete in Berlin bei der Carl Lindstroem A. G., als Franz Kafka sie kennenlernte. Sie war in dieser Firma, die Diktiergeräte und sogenannte Parlographen herstellte, rasch zur Prokuristin aufgestiegen. Nach dem Ende der Beziehung zu Kafka heiratete sie im März 1919 einen Berliner Geschäftsmann; von der Geburt ihres Sohnes (später sollte noch eine Tochter folgen) erfuhr Kafka noch. 1931 ging die Familie in die Schweiz, 1936 in die Vereinigten Staaten. Nur ein Jahr später starb ihr Mann, und Felice mußte die Familie allein durchbringen. Schließlich zwang eine Krankheit sie, die Briefe ihres Verlobten an den New Yorker Verleger Salman Schocken zu verkaufen.

Aber diese Zeilen stammen eben nur aus einem Briefentwurf und haben Felice Bauer nie erreicht. Immerhin wirkt die Absicht in den zwei Tage später geschriebenen Brief hinein: »Ich bin noch knapp gesund für mich, aber nicht mehr zur Ehe und schon gar nicht zur Vaterschaft.« Dieses Bekenntnis unterläuft ihm, nachdem er zum erstenmal und mitten im Text ins Du übergewechselt ist. Die verstörte Empfängerin bittet Max Brod um eine Erklärung, der nun per Brief und persönlich für den Freund mehr als nur ein gutes Wort einlegt. Und vorerst steht solch krasse Verkürzung der Perspektive ja noch allein gegen unzählige Sympathiebekundungen, umständlich-gewundene Lebensrapporte und eine bizarre Fürsorglichkeitsrhetorik. Nachdem Kafkas erster Brief längere Zeit ohne Antwort bleibt, bittet er sogar eine Berliner Verwandte der Adressatin um Intervention zu seinen Gunsten.

Als Julie Kafka einen der frühen Felice-Briefe gleichsam versehentlich liest, beschwört sie die Berlinerin, gemeinsam mit der Mutter um das Lebensglück des Sohns zu kämpfen. Der zittert und bangt derweil dem nächsten Schreiben entgegen. Doch schon früh klopft er bei aller Angst und aller Verehrung seiner Felice gehörig auf die Finger, wenn sie sich zu hausbackenen Ratschlägen hinreißen läßt. »Mein Schreiben und mein Verhältnis zum Schreiben würden Sie dann vor allem anders ansehen und mir nicht mehr ›Maß und Ziel‹ anraten wollen. ›Maß und Ziel‹ setzt die menschliche Schwäche schon genug.« (Brief vom 5. November 1912)

Seit Mitte November 1912 heißt die Anrede »Liebste«. Dann vergeht nur noch gut eine Woche, bis sich der Schreiber ganz deutlich erklärt: »Liebste mein Gott wie lieb ich dich«. Wohlgemerkt, diesem Heizer reicht allein der Briefwechsel, um die Zugmaschine seiner Leidenschaft derart an Fahrt gewinnen zu lassen. Allerdings wäre Kafka nicht Kafka, könnte er solch schö-

---

Meine Lebensweise ist nur auf das Schreiben hin eingerichtet und wenn sie Veränderungen erfährt so nur deshalb, um möglicher Weise dem Schreiben besser zu entsprechen, denn die Zeit ist kurz, die Kräfte sind klein, das Bureau ist ein Schrecken, die Wohnung ist laut und man muß sich mit Kunststücken durchzuwinden suchen, wenn es mit einem schönen geraden Leben nicht geht.

An Felice Bauer, 1. November 1912

ne Raserei ohne Einschrän-
kung gelten lassen. »Mein Leben gäbe ich für Dich, aber
das Quälen kann ich nicht lassen.« Sätze ähnlichen Inhalts
ließen sich viele zitieren, einer
davon stammt aus dem Brief
vom 19. Januar 1913. »Liebste
[…], bringe Dir zum Bewußtsein, daß Du niemals reine
Freude von mir haben wirst,
reines Leid dagegen soviel
man nur wünschen kann, und
trotzdem – schick mich nicht
fort.«

Endlich, am 23./24. März
und am 11./12. Mai, sehen
sich Kafka und Felice Bauer in
Berlin. Mitte Juni 1913 wagt er
dann das Äußerste: »Willst
Du […] überlegen, ob Du mei-

27 Kafka mit Felice Bauer in Buda-
pest, Anfang Juli 1917

ne Frau werden willst? Willst Du das?« Der Unterton dieser
doppelten Frage läßt sich kaum überhören: Er ist ein Heirats-
williger, der im Ernst von einer Ehe mit sich nur abraten kann.
Die Einwände Franz Kafkas gegen seine Person haben nichts
Kokettes. Er resümiert noch einmal die Hindernisse: »Du würdest […] die Aussicht [verlieren], einen gesunden, lustigen, guten Mann zu heiraten […]. Anstelle dieses gar nicht abzuschät-
zenden Verlustes würdest Du einen kranken, schwachen,
ungeselligen, schweigsamen, traurigen, steifen, fast hoffnungs-
losen Menschen gewinnen.« Vor allem aber einen kranken.
Schon hier erscheint die Krankheit als letzte Rettung, ist als ein-

Du willst also trotz allem das Kreuz auf Dich nehmen, Felice? Etwas Un-
mögliches versuchen? Du hast mich darin mißverstanden, ich sagte nicht,
durch das Schreiben solle alles klarer werden, werde aber schlimmer,
sondern ich sagte, durch das Schreiben werde alles klarer *und* schlimmer.
So meinte ich es. Du aber meinst es nicht so und willst doch zu mir.
Kafkas Kommentar, nachdem Felice seinen Heiratsantrag
angenommen hat, 1. Juli 1910

28 Grete Bloch (1892–1944), eine Freundin
Felice Bauers

zig seriöser Vorbehalt akzepta-
bel, sie allein ermöglicht den
ehrenvollen Rückzug. »Zwischen mir und Dir steht von
allem andern abgesehn der
Arzt.«

Als Felice Bauer offenbar in
die Heirat einwilligt, reagiert
Franz Kafka fast panisch. »Liebe,
liebste Felice, nicht das, nicht das.
Du sollst nicht in etwas dich hingeben,
was Dein Unglück sein könnte, sondern viel-
leicht, wenn Gott will, hineingehn, überlegen.« Er fürchtet ein
Mißverständnis, oder doch eine Art Resignation aus Liebe, die
sich über die Ehe keine Rechenschaft geben will. Gleichwohl
hält er seine Werbung aufrecht und bei Vater Bauer zweimal
um die Hand der Tochter an, zuletzt am 28. August 1913. Dazwischen hat er eine besonders niederschmetternde Epistel an
ihn gerichtet, aber nur seinem Tagebuch anvertraut. Sie weidet
sich an der Aussichtslosigkeit des Ehevorhabens, doch ist ihre
Radikalität wohlfeil, weil der Empfänger von vornherein Fikti-
on bleibt. Immerhin sind am 28. August Kafkas Impulse, den
Brautvater von der Unmöglichkeit seines Antrags zu überzeu-
gen, noch stark genug. So liegt die unfreiwillige Komik des
Vorgehens bloß: Er empfiehlt sich mit dem Hinweis, daß er eine
»wirkliche Ehe« gar nicht anstreben könne. Schließlich ruft er
Vater Bauer als Richter an: »Nun sind wir zu dritt, urteilen Sie!«

Doch auch dieser ›Brief an den Vater‹ verfehlt seinen Adressaten. Er schickt ihn an Felice, die ihn aber nicht weiterleitet:

Und nun stellen Sie mich Ihrer Tochter gegenüber, diesem gesunden, lustigen, natürlichen kräftigen Mädchen. So oft ich es ihr auch in den etwa
500 Briefen wiederholte und so oft sie mich mit einem allerdings nicht
überzeugend begründeten »Nein« beruhigte – es bleibt doch wahr, sie
muß mit mir unglücklich werden, so weit ich es absehen kann.
Briefentwurf an Felice Bauers Vater im Tagebuch, 21. August 1913

Niemand sollte spekulieren, daß der Absender damit keines-
falls rechnen konnte. Dann fährt Kafka in Urlaub (dem der obli-
gatorische Sanatoriumsaufenthalt angehängt wird). Am 15. September kommt er nach Venedig und erliegt offenbar umgehend
der verhängnisvollen Magie dieser Stadt. Ausgerechnet von
hier schreibt er Felice: »Wir müssen Abschied nehmen.«

Wieder zieht es Kafka nach Riva, ab 22. September logiert er
im Sanatorium Dr. von Hartungen. Aus seiner »Verworrenheit«
wächst die Beziehung zur 18jährigen »Schweizerin« (G.) W.; un-
ermüdliche Kafka-Detektive haben aus den Tagebuchkürzeln
eine Lübeckerin namens Gertrud Wasner erdichtet. Er behält sie
in emphatischer, wenngleich verklärter Erinnerung. »Ich verstand zum erstenmal ein christliches Mädchen und lebte fast
ganz in ihrem Wirkungskreis.« Doch von Felice Bauer hat Kafka
nicht wirklich Abschied genommen. Noch in Riva faßt er sein
Verhältnis zu ihr bündig zusammen: »Ich kann mit ihr nicht leben, und ich kann nicht ohne sie leben.« (Brief an Max Brod,
Poststempel 28. September 1913) Ihr Briefwechsel allerdings
bleibt über einen Monat unterbrochen und wird nie mehr die
Frequenz des ersten Jahres erreichen.

Dafür eröffnet er bald mit Felice Bauers Freundin Grete Bloch
(1892–1944) eine Parallelkorrespondenz, deren Lebhaftigkeit
mancher Spekulation Nahrung gegeben hat, sogar der, Kafka
sei Vater eines Bloch-Sohns gewesen. Seine Briefe an Grete Bloch,
so rückhaltlos sie sind, stützen jedoch die Vermutung nicht,
hier habe sich auch ein Parallelverhältnis etabliert. Übrigens
hatte Felice selbst Grete Bauer um diese Vermittlung gebeten,
und Ende Oktober hatte die Emissärin Kafka in Prag getroffen.

Was meine ich übrigens dazu, daß ich heute abend die ganze Wegstrecke
darüber nachdachte, was ich durch die Bekanntschaft mit der W. an
Freuden mit der Russin eingebüßt, die mich vielleicht, was durchaus
nicht ausgeschlossen ist, nachts in ihr Zimmer eingelassen hätte, das
schief gegenüber dem meinigen lag. Während mein abendlicher Verkehr
mit der W. darin bestand, daß ich in einer Klopfsprache, zu deren endgil-
tiger Besprechung wir niemals kamen, an die Decke meines unter ihrem
Zimmer liegenden Zimmers klopfte, ihre Antwort empfing, mich aus
dem Fenster beugte, sie grüßte, einmal mich von ihr segnen ließ, einmal
nach einem herabgelassenen Bande haschte, stundenlang auf der Fenster-
brüstung saß, jeden ihrer Schritte oben hörte, jedes zufällige Klopfen irri-
ger Weise auffaßte, ihren Husten hörte, ihr Singen vor dem Einschlafen.
Tagebuch vom 20. Oktober 1913

Ob nun mit oder ohne ihr Zutun, und jedenfalls ungeachtet eines keineswegs ermutigenden Zusammentreffens in Berlin und der wenig ergiebigen Sondierung von Ernst Weiß: Kafka wiederholt seinen Heiratsantrag. Felice antwortet reserviert, äußert bei einem Berliner Kurztreffen ihre starken Vorbehalte. Dennoch gibt es Ostern 1914 die Verlobung im engeren Familienkreis, die Heirat wird für September in Aussicht genommen. Wenig später fährt Felice nach Prag und begibt sich mit Kafka auf Wohnungssuche. Die angezeigte Verlobungsfeier findet am 1. Juni in Berlin statt, der Bräutigam reist höchst formell in Begleitung seines Vaters an.

Was immer die Gründe für die Einwilligung der Braut gewesen sein mögen, ihre Beziehung hat durch die offizielle Verlobung keineswegs an Stabilität gewonnen. In den vielen Briefen an Grete Bloch (Felice erhält jetzt nur sehr wenige) wird er von Mal zu Mal deutlicher: Eine Ehe mit ihm, oder doch wenigstens seine Ehe mit Felice Bauer, ist ein Unglück für die Partnerin und muß notwendig in die Katastrophe führen. Grete Bloch scheint sich anfangs gegen diese düsteren Aussichten wacker gesträubt zu haben. Als sie dann aber Kafkas Argumenten doch nachgeben muß, kommt das einem Zusammenbruch gleich: »Ich sehe auf einmal so klar und bin ganz verzweifelt.« Statt dessen triumphiert der Analytiker: »Nun habe ich Sie also überzeugt, Fräulein Grete, und Sie fangen an, in mir nicht F.'s Bräutigam sondern F.'s Gefahr zu sehn.« (am 3. Juli 1914)

Kafka hat wohl nicht geahnt, welche Schlüsse Grete Bloch aus der Übernahme seiner Sicht zieht. Dabei hat sie angekündigt, daß nun mit aller »lächerlichen unverantwortlichen Weichlichkeit« Schluß sei. So zieht sich das Gewitter über dem – allerdings sträflich ahnungslosen – Kafka zusammen. Er will eine Aussprache mit der Braut und fährt am 11. Juli nach Berlin. Dort aber erwartet ihn, was Kafka selbst mit Gerichtsmetaphern

Kafka hatte den (gebürtigen Brünner) Autor **Ernst Weiß** (1882–1940) 1913 kennengelernt und gleich sympathisch gefunden. (»Jude von der Art, die dem Typus des westjüdischen Juden am nächsten ist und dem man sich deshalb gleich nahe fühlt«, heißt es im Tagebuch.) Ihre Beziehung war gerade in dieser Krisenzeit sehr eng,

Weiß riet Kafka von Felice Bauer offenbar sehr heftig ab. Warum es dann zwischen beiden Autoren zum Bruch kam, ist nicht vollständig geklärt. Später gab es eine stets gefährdete Versöhnung, und jedenfalls hat Kafka die Arbeit seines Beistands im Askanischen Hof aufmerksam verfolgt. Weiß war von seiner schriftstel-

29 Briefkopf des Hotels Askanischer Hof, wo Kafka während seiner Berlin-
Aufenthalte zu wohnen pflegte.

belegt und Elias Canetti treffend als »der andere Prozeß« betitelt hat.

Allerdings sind im Askanischen Hof die Anklägerinnen auch
die Richterinnen. Vor Felice Bauer, Grete Bloch und Felices
Schwester Erna bleibt Kafka nur die Rolle des Beschuldigten, er
kann sich gerade noch des Beistands von Ernst Weiß versichern, der nie einen Hehl aus seiner Antipathie gegen Felice gemacht hat. Doch die einschlägigen Zitate aus Kafkas Briefen an
Grete Bloch lassen wenig Möglichkeiten der Verteidigung. Mehr
noch als diese Beweise schlägt die feindliche Atmospähre den
Beklagten mit Schweigen. Über das Urteil gibt es ohnehin von
Anfang an keinen Zweifel: Lösung des Verlöbnisses und der
Beziehung.

Die Frage ist berechtigt, was Kafka anderes erwarten konnte.
Seine panische Angst vor der Ehe speist sich ja aus Angst vor
dem endgültigen Verlust der Autorenperspektive. Und diese
Quelle versiegt nicht, solange er eine Schriftstellerexistenz zwar
herbeisehnt, aber letztendlich doch vor ihr zurückschreckt (die

lerischen Sendung womöglich noch
fanatischer überzeugt als Kafka. Ver-
bissen hat er an seinen Romanen und
Erzählungen gearbeitet – von ›Tiere
in Ketten‹ etwa existieren drei Fassungen. Sein wichtigstes Buch war
›Der Augenzeuge‹. Hier gerät ein jüdischer Arzt in die Fänge eines Dik-
tators, weil er ihn, damals noch als

schlichten Gefreiten A. H., einmal
von hysterischer Blindheit geheilt
hat. – Tschechoslowakischer Staatsbürger, konnte Weiß 1933 wieder
nach Prag gehen, ist von dort jedoch
bald nach Paris geflohen. Als Hitlers
Armee auch hier einmarschierte,
setzte Ernst Weiß im Juni 1940 seinem
Leben ein Ende.

»Beamtenseele«). Je paradoxer aber sein Verhältnis zum Schreiben, desto größer seine Furcht vor dem »bürgerlichen« Leben. Und wenn die Braut etwa bei der Wohnungseinrichtung Pompös-Behagliches favorisiert, sieht er sich gleich fürchterlich bestätigt. Nur wäre ihm die Furcht auch geblieben, wenn Felice ihr keine besondere Nahrung gegeben hätte. Selbst der Versöhnungsbrief, geschrieben dreieinhalb Monate nach der Entlobung, ist in einem Punkt unnachgiebig: »Du konntest nicht die Macht einsehn, die meine Arbeit über mich hat, Du sahst sie ein, aber bei weitem nicht vollständig.«

Nebenbei bemerkt: Seine noble Haltung gegenüber Felice Bauer ist von Anfechtungen nicht frei geblieben. Im Tagebuch läßt sich nachlesen, wie distanziert Kafka sie oft genug gesehen hat: »[…] ich denke an meinen Widerwillen bei ihrem Anblick als sie tanzte mit strengem gesenktem Blick oder als sie kurz vor dem Weggehn im Askan. Hof mit der Hand über die Nase und in die Haare fuhr und die unzähligen Augenblicke vollständigster Fremdheit«. (15. Oktober 1914)

Nichtsdestoweniger gibt es drei Jahre nach der ersten die zweite Verlobung. Doch vertragen diese drei Jahre ohne weiteres den Zeitraffer, selbst die äußeren Ereignisse zwingen zu keiner wesentlichen Entschleunigung. Auf das Attentat von Sarajewo folgt der militärische Konflikt zwischen Österreich-Ungarn und Serbien, der sich mit den Kriegserklärungen Deutschlands an Rußland (1. August 1914) und Frankreich (3. August) zu einem europäischen, mit dem Eingreifen Englands (4. August) zu einem Weltkrieg ausweitet. Aus ganz ähnlichen Gründen wie die »expressionistische Generation« verspürt auch Kafka eine Art Kriegsbegeisterung. Ungeachtet der immer wieder beklagten körperlichen Verfassung, ungeachtet der stets betonten Kränklichkeit hofft er schon deswegen auf die Einberufung,

Patriotischer Umzug. Rede des Bürgermeisters. Dann Verschwinden, dann Hervorkommen und der deutsche Ausruf: »Es lebe unser geliebter Monarch, hoch.« Ich stehe dabei mit meinem bösen Blick. Diese Umzüge sind eine der widerlichsten Begleiterscheinungen des Krieges. Ausgehend von jüdischen Handelsleuten, die einmal deutsch, einmal tschechisch sind, es sich zwar eingestehen, niemals aber es so laut herausschreien dürfen wie jetzt. Natürlich reißen sie manchen mit. Organisiert war es gut. Es soll sich jeden Abend wiederholen, morgen Sonntag zweimal.

Tagebuch vom 6. August 1914

30 Otokar Nejedly:
Mobilmachung. Öl auf
Leinwand, 1914

weil sie seiner trostlosen Beamtenexistenz eine Ende machen
würde. Andererseits hat er sich gegen die Erklärungen seiner
Vorgesetzten, der Vicesekretär Franz Kafka sei an der Heimat-
front unentbehrlich, keineswegs energisch gewehrt. Und nichts
deutet darauf hin, daß er sich je Gedanken über die Folgen dieses Krieges für Österreich-Ungarn und für ihn als Staatsdiener
gemacht hätte.

   Hinsichtlich der ›Briefe an Felice‹ fällt zunächst auf, daß Kafka nicht mehr so häufig schreibt wie zuvor. Denn: »Was war
das Ergebnis der häufigern […] Briefe? Du kennst es.« Oft muß
es jetzt ein Kartengruß tun: Briefe sind wegen der Postzensur
zu lange unterwegs (zuweilen behilft sich der Absender mit

Wir haben uns ja auch sonst unverändert gefunden. Jeder sagt es sich im
Stillen, daß der andere unerschütterlich und erbarmungslos ist. Ich lasse
nichts nach von meiner Forderung nach einem phantastischen nur für
meine Arbeit berechnetem Leben, sie will stumpf gegen alle stummen
Bitten das Mittelmaß, die behagliche Wohnung, Interesse für die Fabrik,
reichliches Essen […], stellt meine Uhr, die seit einem $1/4$ Jahr um $1\,1/2$
Stunden vorausgeht, auf die wirkliche Minute ein.
Tagebuch vom 24. Januar 1915, also nach dem ersten Zusammentreffen
nach der Entlobung

31 Marienbad, Neue Kolonade, erbaut 1884–1889

drei oder vier Karten auf einmal und erreicht doch wieder gute Brieflänge). Der Ton ist gelassener. Kafka vergißt zwar nie, längere Abschnitte ohne Nachricht herauszustreichen, aber es fehlen die früher obligaten Flehrufe, das Schweigen zu brechen. Manchmal greift er gar zu Stilmitteln der Distanzierung, spricht von sich in der dritten Person, wie von einem vorurteilslos Beobachteten.

Während dieser Phase hat er die beste Zeit mit Felice in Marienbad, und das Diarium macht aus den zehn gemeinsamen Tagen des Sommers 1916 gleich vierzehn. Natürlich will sich der »Böse« selbst jetzt nicht ganz geschlagen geben: »Unglückliche Nacht, Unmöglichkeit, mit F. zu leben« (Tagebuch, 6. Juli 1916) Immerhin will Kafka die »wirkliche« Felice ins Auge fassen, die er – unerhörtes Eingeständnis, in einem Brief an Max Brod wie nebenbei formuliert – bisher »ja gar nicht [kannte]«. Max Brod gegenüber skizziert er auch einen »Vertrag« für die eheliche Zukunft: »Kurz nach Kriegsende heiraten, in einem Berliner Vorort zwei, drei Zimmer nehmen, jedem nur die wirtschaftliche Sorge für sich zu lassen.« – Falls Felice diesem Ehekontrakt zugestimmt hat, muß sie dabei weit über ihren Schatten gesprungen sein.

Von jedem Handgriff, den Du dort tun wirst […] werde ich zehren […]. Es ist, soviel ich sehe, der absolut einzige Weg oder die Schwelle des Weges, der zu einer geistigen Befreiung führen kann. Und zwar früher für die Helfer, als für die, welchen geholfen wird. […] Worin wird denn dort im Heim geholfen werden? Man wird, da man doch für dieses Leben schon einmal in seine Haut eingenäht ist […], versuchen, die Pfleglinge […] der Geistesverfassung der Helfer und in noch weiterem Abstand der Lebenshaltung der Helfer anzunähern, d. h. also dem Zustand des gebil-

Diese zwei, die in mir kämpfen, oder richtiger aus deren Kampf ich bis auf einen kleinen gemarterten Rest bestehe, sind ein Guter und ein Böser. [...] Das Blut, das der Gute (jetzt heißt er uns Guter) vergießt, um Dich zu gewinnen, nützt dem Bösen. Dort wo der Böse, wahrscheinlich oder vielleicht, aus eigener Kraft nichts entscheidend Neues mehr zu seiner Verteidigung gefunden hätte, wird ihm dieses Neue vom Guten geboten. Ich halte nämlich diese Krankheit im geheimen gar nicht für eine Tuberkulose [...], sondern für meinen allgemeinen Bankrott. Ich glaubte, es ginge noch weiter und es ging nicht.

Vorletzter (erhaltener) Brief an Felice Bauer
vom 30. September oder 1. Oktober 1917

Nur wäre Kafka eben nicht Kafka, wenn ihn seine Ängste nicht doch erneut eingeholt hätten. Bald schon folgen wieder qualvolle Vergewisserungen über Aktiva und Passiva der Ehe, eine Bilanz ohne Ergebnis. Doch vor Felice Bauer will er die mühsam gefundene Basis offenbar nicht mehr in Frage stellen. Einmal mehr gewinnt nun die Suche nach den Wurzeln an Bedeutung, an der Felice teilhaben soll. Er empfiehlt ihr die Mitarbeit im Berliner Jüdischen Volksheim von Siegfried Lehmann. Hier wurden ostjüdische Kinder betreut, deren Familien vor dem Krieg nach Westen geflohen waren. Anfänglich scheint Felice nur dem Drängen aus Prag nachgegeben zu haben, aber bald wird sie eine engagierte Lehrerin. Kafka verfolgt ihren Unterricht aus der Ferne, gibt Ratschläge, begeistert sich für ihre Arbeit. Die Braut vertritt dort seine Stelle, und nicht zuletzt öffnet das gemeinsam erfaßte Judentum endlich eine Perspektive fragloser Übereinstimmung. Wieder hofft der Zerrissene viel von seiner Authentizität, diesmal nicht nur für die eigene Person, sondern auch für die Ehe.

Alle Zweifel, alle Hoffnungen erledigt der Blutsturz vom 9./10. August 1917. Erst am 10. Juli hatten die beiden ihre zweite Verlobung Felices Mutter mitgeteilt, jetzt scheint Kafka die

deten Westjuden unserer Zeit, Berlinerischer Färbung und, auch das sei zugegeben, dem vielleicht besten Typus dieser Art. Damit wäre sehr wenig erreicht. Hätte ich z. B. die Wahl zwischen dem Berliner Heim und einem andern, in welchem die Pfleglinge die Berliner Helfer [...] und die Helfer einfache Ostjuden [...] wären, ich würde mit riesigem Aufatmen, ohne mit den Augen zu zwinkern, dem letzteren Heim den unbedingten Vorzug geben.

An Felice Bauer, 12. September 1916

eheliche Zukunft verbaut. Zwar notiert er Ende September in seinem Tagebuch »Nicht durchaus frevelhaft, als Tuberkulöser Kinder zu haben. Flauberts Vater tuberkulös«. Zwar hat er sich keineswegs leichten Herzens von Felice Bauer getrennt, aber hinsichtlich der Notwendigkeit dieser Trennung hegte er nicht die mindesten Zweifel. Die Krankheit zeigt den Ausweg, sogar der wohlwollende Max Brod nennt sie eine »Rettung vor der Heirat«.

Am nächsten Vormittag kam Franz zu mir ins Büro. Um einen Moment auszuruhen, sagte er. Er hatte eben F. zur Bahn gebracht. Sein Gesicht, war blaß, hart und streng. Aber plötzlich begann er zu weinen. [...] Ich werde diese Szene nie vergessen, sie gehört zu dem Schrechlicksten, was ich erlebt habe. [...] Kafka [...] war direkt zu mir ins Arbeitszimmer gekommen, mitten in den Betrieb, saß neben meinem Schreibtisch auf dem Sesselchen, das für Bittsteller, Pensionisten, Beschuldigte bereitstand. Und hier weinte er, hier sagte er schluchzend: »Ist es nicht schrecklich, daß so etwas geschehen muß?« Die Tränen liefen ihm über die Wangen, ich habe ihn nie außer diesem einem Male fassungslos, ohne Haltung gesehen.
Max Brod zur endgültigen Trennung von Felice Bauer Ende Dezember 1917

Familienbande, literarisch

So verständlich Kafkas Freude über ›Das Urteil‹ angesichts der langen Schreibkrise ist, im Rahmen des Gesamtwerks rechtfertigt diese Erzählung seinen Enthusiasmus nicht. Die zentrale »Geschichte« dieser Schaffensphase ist die ›Verwandlung‹, also einer der berühmtesten Kafka-Texte. Sie ist zugleich Auftakt zahlreicher Kafkascher Grenzgänge zwischen Tier- und Menschenprovinz. Das böse Erwachen eines Handelsvertreters und sein Niedergang als Insekt werden derart folgerichtig vor Augen geführt, daß sich die Frage nach der Wahrscheinlichkeit gar nicht stellt. Und als böse Pointe hat der Niedergang des selbstlosen Ernährers den Aufstieg seiner Familie zur Folge, die sich zunächst in tiefer Abhängigkeit von ihm befindet, zuletzt aber von seiner Existenz wie erlöst ist.

Der Vater-Sohn-Konflikt wird bei der ›Verwandlung‹ immer wieder als Hauptthema herausgestellt, das zugleich ein expressionistisches Leitmotiv war. Nun ist diese Erzählung mehr noch ein Familiendrama. In ihrer sogenannten Keimzelle läßt die Gesellschaft Unbotmäßige richten, Mutter und Schwester wirken auch bei Kafka als die feineren Instrumente der Disziplinierung. Das ändert am Ergebnis nichts: Zum Ungeziefer wird, wer sich den Normen nicht beugt. Auch da würde der Prager mit vielen Autoren seiner Generation übereinstimmen, die allerdings in der Regel die soziale Außenseiterstellung des Künstlers thematisierten. Von dieser gängigen Variante sieht der

Auf ein baldiges Erscheinen dieser Erzählung dringe ich ganz und gar nicht, wohl aber bitte ich um möglichst baldige Nachricht darüber, ob Sie sie überhaupt aufnehmen können. Da Sie Fortsetzungen vermeiden wollen, muß die Unterbringung meiner Erzählung Schwierigkeiten machen, das sehe ich natürlich ein. Wenn ich sie trotzdem nicht freiwillig zurückziehe, so nur deshalb, weil mir an ihrer Veröffentlichung besonders gelegen ist. Sollte sie aber vollständig ausgeschlossen sein, so könnte ich Ihnen eine andere Erzählung vorlegen, die ich auch fertig habe und die nur etwa 30 Schreibmaschinenseiten hat, also wenigstens hinsichtlich des Umfangs weniger fragwürdig ist.

An René Schickele, den Herausgeber der ›Weißen Blätter‹,
über eine Veröffentlichung der ›Verwandlung‹, 7. April 1915

Autor nicht nur im Fall der ›Verwandlung‹ ab, obwohl (oder weil) sie zu seiner Biographie passen würde. Kafkas Kälte gegen die Erfolgsrezepte der Gründerzeitgeneration hat ihm das Leben bekanntlich schwer genug gemacht.

So weit, so gut. Nur haben sich die Interpreten selten gefragt, wie Gregor Samsa zu einer Art Insekt werden konnte. In Kafkas Briefen an Felice Bauer findet sich unter vielen ähnlichen Versicherungen auch eine mit interessanter Metaphorik. »Schrieb ich aber nicht«, heißt es am 1. November 1912, »dann lag ich auch schon auf dem Boden, wert hinausgekehrt zu werden.« Das tut die »Bedienerin« mit den Überresten Samsas.

Wohl am 17./18. November 1912 beginnt Kafka mit der Niederschrift seiner Erzählung. Ausführlich exponiert er, wie sehr Gregor Samsa seine Bedürfnisse hinter die der Familie zurückgestellt hat. Seine Stellung als Reisender hat er keineswegs aus eigenem Entschluß angetreten. Vielmehr waren die Eltern seinem Chef derart ausgeliefert, daß der Sohn von Anfang an eine fatale Abhängigkeit eingeht. Nicht ohne satirischen Nachhall ist seine Vorstellung einer besseren Zukunft: »Habe ich einmal das Geld beisammen, um die Schuld der Eltern an ihn abzuzahlen, – es dürfte noch fünf bis sechs Jahre dauern –, mache ich die Sache unbedingt. Dann wird der große Schnitt gemacht.«

32 Erstausgabe der ›Verwandlung‹ mit einer Illustration von Ottomar Starke

Doch ungeachtet seines Ausrufs »Der Teufel soll das alles holen« ist Gregor Samsa eben kein Rebell, sondern ein nützliches, ein beflissenes Glied der Gesellschaft. So gesehen gewinnt seine Selbstlosigkeit eine doppelte Bedeutung. Ohne Selbst ist dieser Vertreter, und bei aller Tragik seiner Verwandlung läßt sie sich auch als Strafe für den Sündenfall deuten. Ihn symbolisiert der nach Samsa geworfene Apfel. Er bleibt im »Untier«körper stecken, verletzt ihn schwer, vielleicht sogar tödlich, wird jedoch nicht entfernt, hält also die

33 Franz Kafka. Das Bild ist undatiert, stammt aber vermutlich aus der Zeit um 1914

Wunde offen. In der biographischen Perspektive wäre dieser Tod eines Handlungsreisenden Selbstrechtfertigung: Niemandem, nicht einmal den vorgeblich Begünstigten nutzt die Aufopferung.

Schmerzenskind dieser Jahre aber ist ›Der Verschollene‹. Zweimal hat der Autor selbst den Roman in Briefen so betitelt, während Max Brod ihn als ›Amerika‹ veröffentlichte. Schon im Zusammenhang mit dem ›Urteil‹ spricht Kafka Ende September 1912 von den »schändlichen Niederungen« des Romans. Doch er muß hier eine (erste?) nicht mehr greifbare Fassung meinen. Seit Ende September 1912 entsteht dann der erhaltene Text. Die zügige Niederschrift seiner ersten sechs Kapitel dauert bis zum 12. November des Jahres; Kafka hat für sie auch

Es ist mir nämlich, da Starke doch tatsächlich illustriert, eingefallen, er könnte etwa das Insekt selbst zeichnen wollen. Das nicht, bitte das nicht! [...] Das Insekt selbst kann nicht gezeichnet werden. Es kann aber nicht einmal von der Ferne aus gezeigt werden.

An den Verleger Kurt Wolff, 25. Oktober 1915

die Überschriften notiert. Dann aber stockt der Schreibfluß. Verbesserungen, ebenfalls einige neue Passagen folgen bis zum Frühjahr 1913. Erst von August bis Oktober 1914, parallel zum ›Proceß‹, unternimmt Kafka wieder energischere Versuche, den Roman zu vollenden. Doch sie führen nicht zum Erfolg. Den Haupttext dieser Phase hat Max Brod zum letzten Kapitel erklärt und ihm den Titel ›Das Naturtheater von Oklahoma‹ gegeben.

Das Scheitern wiegt um so schwerer, als Kafka in der großen Form stets die Nagelprobe auf seine Schriftstellerexistenz gesehen hat. Es mußte mithin den äußerst selbstkritischen Autor besonders treffen, daß (schon) der ›Verschollene‹ Fragment blieb. Dabei hat er für diesen Amerika-Roman viel und gründlich recherchiert. Sehr wahrscheinlich ließ er sich auch von den Übersee-Erfahrungen der Verwandtschaft inspirieren, drei seiner Vettern waren in die Staaten ausgewandert. Sicher haben Hinweise auf die Anlehnung an bestimmte Familienkonstellationen und Erlebnisse der amerikanischen Sippschaft letztlich spekulativen Charakter. Gleichwohl ist beeindruckend, wie stark Fotografien aus einem Firmenprospekt des Versandhauses Sears (der Firma von Vetter Emil Kafka) und Kafkas Beschreibung der Säle im Kommissions- und Speditionsgeschäft des Romanonkels Jakob selbst atmosphärisch übereinstimmen. Und die arbeitsteilige Organisation der Abläufe, ermöglicht von einer Kommunikationstechnik auf dem neuesten Stand der Zeit, dürfte im heimischen Böhmen tatsächlich nicht ihresgleichen gehabt haben. Zu Kafkas Lebzeiten und mit seinem Einverständnis wurde nur das Anfangskapitel ›Der Heizer‹ veröffentlicht, übrigens der erste Kafka-Text, der (von Milena Jesenská) ins Tschechische übersetzt wurde. Gegenüber seinem Verleger Kurt Wolff bemerkte der Autor sarkastisch: »Es ist ein Fragment und wird es bleiben, diese Zukunft gibt dem Kapitel die meiste Abgeschlossenheit.«

Dagegen freue ich mich durch ein paar Bemerkungen über den Heizer, die Sie wünschen, wirklich ein kleines Opfer bringen zu können, es wird der Vorgeschmack jener Höllenstrafe sein, die darin besteht daß man sein Leben nochmals mit dem Blick der Erkenntnis durchnehmen muß, wobei das Schlimmste nicht die Durchsicht der offenbaren Untaten ist sondern jener Taten die man einstmals für gut gehalten hat.

An Milena Jesenská, Mai 1920

Daß der ›Verschollene‹ nicht vollendet wurde, provoziert die Frage nach dem möglichen Schluß. Max Brod wollte aus Gesprächen mit dem Freund von einem Happy-End wissen, zumindest einem »versöhnlichen« Ausklang. Dem widerspricht Kafkas – recht späte – Tagebuchnotiz vom 30. September 1915: »Roßmann und K. [im ›Proceß‹, D. A.], der Schuldlose und der Schuldige, schließlich beide unterschiedslos strafweise umgebracht, der Schuldlose mit leichterer Hand, mehr zur Seite geschoben als niedergeschlagen.« Dieser Skizze würde auch der vorgesehene Titel entsprechen.

»Strafweise umgebracht.« Trotz aller Recherche gibt es im Roman ein offensichtlich abweichendes Detail: So präsentiert sich gleich zu Beginn die New Yorker Freiheitsstatue nicht mit Fackel, sondern mit Schwert. Ausgerechnet mit dem Strafsymbol erinnert diese – laut Kafka – »Freiheitsgöttin« sofort an eine Justitia, und damit wäre gleich ein vertrautes Motiv des Autors vorgegeben.

Von einem ›Land der unbegrenzten Möglichkeiten‹ kann bei Kafkas Amerika ohnehin nicht die Rede sein. Allerdings verdankt Karl Roßmann die neue Heimat zunächst einmal der Entlassung aus dem Familienverband. In einem seiner großartig lapidaren Anfänge teilt der Autor das verstörende Urteil wie beiläufig mit: Die »armen« Eltern schicken ihren sechzehnjährigen Sohn in eine völlig ungewisse Zukunft, »weil ihn ein Dienstmädchen (später heißt es »eine Köchin«, D. A.) verführt und ein Kind von ihm bekommen hatte«. Aber diese Entlassung, manche Interpreten sprechen sogar von einer »Vertreibung aus dem Paradies«, wird aufgefangen dank eines Ersatz-Vaters, des Senators Eduard Jacob. Er gibt sich bei der Ankunft des Schiffes als Karls Onkel zu erkennen. Nach den Worten des Kapitäns erwartet den Jungen nun »eine glänzende Laufbahn«, dafür aber zwingt ihn der Verwandte sofort unter

Der Roman ist so groß, wie über den ganzen Himmel hin entworfen (auch so farblos und unbestimmt wie heute) und ich verfitze mich beim ersten Satz, den ich schreiben will. Daß ich mich durch die Trostlosigkeit des schon Geschriebenen nicht abschrecken lassen darf, das habe ich schon herausgebracht und habe von dieser Erfahrung gestern viel Nutzen gehabt.

An Max Brod über die nicht erhaltene Fassung
des ›Verschollenen‹, 10. Juli 1912

seine Fuchtel. Nachdem Karl mit seinem Einsatz für den Heizer gerade die Unabhängigkeit geprobt hat, fesseln ihn gleich
wieder Familienbande.

   Doch auch im goldenen Käfig kann sich Karl nicht häuslich
einrichten. Eine – wenn überhaupt – geringfügige Unbotmäßig-
keit reicht dem Prinzipienreiter Jacob, um den Neffen zu verstoßen. Nun steht der Junge wirklich auf der Straße, aber eben
nicht seinen Mann. Er gerät an ein ziemlich zwielichtiges Duo,
dessen zäher Anhänglichkeit er sich nicht erwehren kann, obwohl die beiden ihm nur schaden. Der eine bringt ihn auch um
seine Stellung in einem großen Hotel. Dort hat er zunächst die
»Oberköchin« auf seiner Seite, nach dem starken Vater- findet
sich also ein (allerdings schwächerer) Mutterersatz. Die Köchin
erwähnt übrigens eine vorige Stellung in der – auch damals
schon berühmten – Goldenen Gans am Wenzelsplatz (Nr. 7,
der gleichnamige Jugendstil-Hotelbau steht heute noch). Es ist,

34 ›Klassenverhältnisse‹, Film von
Danièle Huillet und Jean-Marie
Straub nach Kafkas Roman ›Der
Verschollene‹, 1984. Szene mit Ma-
rio Adorf als Onkel und Christian
Heinisch als Karl Roßmann

abgesehen von den Schauplätzen im frühen Fragment ›Beschreibung eines Kampfes‹, die einzige zweifellose Nennung einer Prager Lokalität im Werk des Prager Autors.

Vom »Naturtheater Oklahama« erwartete Max Brod das gute Ende. Und tatsächlich führt Kafka hier eine künstlerische Unternehmung ein, die überdies vielen Menschen Arbeit zu geben gewillt scheint. Der Beginn des abgebrochenen Kapitels läßt außerdem den Schluß zu, daß sich eine Art Wende vorbereitet. Karl resümiert seinen bisherigen Amerika-Aufenthalt und sieht das Theater als Chance. Doch was von dieser Bühne bekannt wird, zeigt sie als bürokratischen Apparat. Der Einzelne ist der riesigen Organisation eher ausgeliefert, als daß sie ihm Aussicht auf Selbstverwirklichung böte.

Damit aber variiert auch der ›Verschollene‹ das Leitmotiv der beiden anderen Romane: Die Ohnmacht des einzelnen vor der omnipotenten und omnipräsenten Kontrollinstanz. Natürlich liegt beim ›Verschollenen‹ der Gedanke an den Entwicklungsroman nahe. Aber er ist mehr eine Parodie der Gattung, weil der Held von vornherein ohne Entwicklungsmöglichkeiten bleibt. Karl Roßmann fehlt schlicht die Fähigkeit, nein zu sagen. Bestenfalls erinnert er an einen anderen Hans im Glück, der von Stufe zu Stufe sinkt. So wie er sich gegen die Köchin im heimischen Böhmen nicht wehren konnte, kann er auch die Zudringlichkeiten seiner amerikanischen Mitbürger nicht parieren. Und der Autor Kafka scheint das Unvermögen seines Protagonisten fast genußvoll auszukosten.

Die Arbeit am ›Verschollenen‹ kam nach stürmischem Beginn bald ins Stocken wie die an fast allen anderen Vorhaben dieser Phase. Etwa anderthalb Jahre brachte Kafka kaum mehr etwas zu Papier, das auch nur der Veröffentlichungsreife nahekam. Es war die Zeit des Hin- und Hergerissenseins zwischen

Dickens Copperfield (›Der Heizer‹ glatte Dickensnachahmung […] Meine Absicht war wie ich jetzt sehe einen Dickensroman zu schreiben, nur bereichert um die schärferen Lichter, die ich der Zeit entnommen und die matten, die ich aus mir selbst aufgesteckt hätte. Dickens' Reichtum und bedenkenloses mächtiges Hinströmen, aber infolgedessen Stellen grauenhafter Kraftlosigkeit, wo er müde nur das bereits Erreichte durcheinanderrührt. Barbarisch der Eindruck des unsinnigen Ganzen, ein Barbarentum, das allerdings ich dank meiner Schwäche und belehrt durch mein Epigonentum vermieden habe […]). *Tagebuch vom 8. Oktober 1917*

der ebenso ersehnten wie gefürchteten Freiheit als Schriftsteller und der so angstbesetzten wie angestrebten Bindung als Ehemann. Anfang des Jahres 1913 heiratet Max Brod, und nun sieht Kafka selbst diese enge Freundschaft gefährdet.

Zur schweren Belastung wurden während dieser Jahre außerdem die 1911 gegründeten Prager Asbestwerke Hermann & Co, an denen Franz Kafka Teilhaber war. Vor allem der Vater drängte auf mehr Einsatz, unter anderem mit dem Hinweis: »Du hast mich da hineingetanzt.« Wegen seines mangelnden Engagements für die »Fabrik« mußte sich Kafka heftigste Vorwürfe gefallen lassen, selbst die Lieblingsschwester Ottla schlug sich hier auf die Seite des Vaters. Kein Zweifel, die Asbestwerke stifteten viel Familienunfrieden. Dem stillen Teilhaber Franz Kafka gingen sie derart nach, daß seine Selbstmordgedanken offenbar an einen ganz kritischen Punkt kamen. Max Brod jedenfalls ist äußerst beunruhigt und interveniert bei Mutter Julie. Noch einmal spitzt sich die Lage zu, als zuerst der Schwager und dann sein Bruder Paul Hermann eingezogen werden, doch besiegelt der Krieg das Schicksal auch dieser Firma. Kafka wird ihr kaum nachgetrauert haben.

Anfang November 1913 bezieht die Familie ihre endgültige Bleibe, das 1896/1897 erbaute, repäsentative Oppeltsche Haus am Altstädter Ring (Nr. 5) / Ecke Niklasstraße (Staroměstské nám. / Pařížská). Währenddessen wird Kafka in der literarischen Welt bekannter. Robert Musil, seit Anfang 1914 Redakteur der Neuen Rundschau, fordert ihn zur Mitarbeit auf. Aber diese Aufforderung führt nur dazu, daß Kafka im Tagebuch einmal mehr seine Misere konstatiert: »Brief von Musil. Freut mich und macht mich traurig, denn ich habe nichts.« (23. Februar 1914)

Als der Doktor im Vorlesen des Vertrages zu einer Stelle kam, die von meiner möglichen künftigen Frau und den möglichen Kindern handelte bemerkte ich mir gegenüber einen Tisch mit zwei großen und einem kleineren Sessel um ihn herum. Bei dem Gedanken, daß ich niemals imstande sein werde, diese oder beliebige 3 Sessel mit mir, meiner Frau und meinem Kind zu besetzen, bekam ich ein von allem Anfang so verzweifeltes Verlangen nach diesem Glück, daß ich aus dieser gereizten Aktivität meine während des langen Vorlesens einzig bleibende Frage an den Doktor stellte, die sofort mein vollständiges Mißverstehn einer größeren gerade vorgelesenen Partie des Vertrages enthüllte.
Zur juristischen Besiegelung seiner leidigen Teilhaberschaft an des Schwagers Asbestfabrik, Tagebuch vom 8. November 1911

Der Kampf um den ›Proceß‹

Das desaströse Zusammentreffen mit Felice Bauer im Askanischen Hof führt bei Kafka zu einem neuen Schreibschub. Dabei nimmt ihn seine große Arbeit, der ›Proceß‹-Roman, keineswegs so gefangen, als daß nicht Raum für kleinere Arbeiten bliebe. Doch sind ja solche Parallelaktionen typisch für seine Schaffensweise.

Die Erzählung ›In der Strafkolonie‹, niedergeschrieben im Oktober 1914, ist der verstörendste Text des Autors. Zwar zeigt der geschlossene Kosmos dieser Strafkolonie schon deutliche Risse, als der – namenlose – Forschungsreisende dort eintrifft. Dennoch nimmt die Hauptfigur an einer Exekution »nach altem Brauch« teil, kaum daß sie ihren Fuß auf die Insel gesetzt hat. Für den Totalitarismus der hier draußen gültigen Weltordnung steht nicht so sehr die Hinrichtung selbst als vielmehr die Todesmaschinerie, oder wie es bei Kafka immer wieder heißt: der »Apparat«. Herr, besser hingebungsvoller Diener seines ingeniösen Mechanismus ist ein Offizier, der ihn auch als Werk und Vermächtnis des »alten Kommandanten« liebevoll pflegt.

Sein Leben im Dienst des »Apparats« sieht dieser hochrangige Soldat gefährdet. Der Einsatz für die Maschine nimmt wahnhafte Züge an, zuletzt setzt er alle Hoffnungen auf eine Intervention des Reisenden. Als der sich ebenfalls auf die Seite des Fortschritts stellt, greift er zum letzten Mittel, das einem Überzeugungstäter zu Gebote steht: Er demonstriert das Wirken seines Geräts am eigenen Leib. Durch einen nur ihm möglichen Eingriff ins Räderwerk zeigt er ein letztes Mal, was

Aber dieses Kunstwerk ist so groß, daß es keiner Entschuldigung bedarf, und eine Allegorie ist erst recht nicht vonnöten. [...] Ihr müßt nicht fragen, was das soll. Das soll gar nichts. Das bedeutet gar nichts. Vielleicht gehört das Buch gar nicht in diese Zeit, und es bringt uns sicherlich nicht weiter. Es hat keine Probleme und weiß von keinen Zweifeln und Fragen. Es ist ganz unbedenklich. Unbedenklich wie Kleist.
Kurt Tucholsky in der ›Weltbühne‹ über die ›Strafkolonie‹, 1920

in der Maschine steckt: Damit freilich zerstört er sie und sich selbst.

Die Versuchung liegt nahe, diesen Text als prophetische Vision der nationalsozialistischen Vernichtungsmaschinerie zu deuten. Wer ihr widersteht, findet zunächst einmal die Kafkasche Grundtrias Schuld-Urteil-Strafe wieder. Und der Offizier vertritt unter Aufhebung der Gewaltenteilung Exekutive und Judikative zugleich. Er hat auch seine eigene Metaphysik: »Der Grundsatz, nach dem ich entscheide, ist: Die Schuld ist immer zweifellos.«

Dazu stimmt der Ablauf des Gerichtsverfahrens: Der Angeklagte kann sich niemals verteidigen, er kennt den Schuldspruch nicht, und das Urteil ist stets ein Todesurteil. Bis hierhin scheint alles durch den Deutungsansatz »diktatorisches System« gedeckt. Wäre da nicht das eigenartige Verhältnis dieses Richters und Henkers zur Schrift. Denn die Maschine bringt den Angeklagten, wie grausam-gemächlich auch immer, nicht einfach nur vom Leben zum Tode, sondern sie tut dies als Schreibmaschine. Darüber hinaus schreibt sie dem Delinquenten keineswegs den Schuldspruch auf den Leib, sondern das »Gebot«, gegen das er verstoßen hat. Es heißt in diesem Fall übrigens: Sei gehorsam.

Der Verurteilte braucht seine Zeit, bis er die beinahe zur Unkenntlichkeit verspielte Schrift entziffert hat. Dem Gelehrten und Forschungsreisenden gelingt diese Entzifferung überhaupt nicht, der Offizier hat sich nur dank seines unermüdlichen Studiums einlesen können. Aber wirklich lesen können sie offenbar nur diejenigen, denen sie eingeschrieben wird. Die leibhaftig Betroffenen jedoch begreifen die Botschaft ohne Ausnahme, mit den Worten des Offiziers: »›Verstand geht dem Blödesten auf. Um die Augen beginnt es. Von hier aus verbreitet es sich. Ein Anblick, der einen verführen könnte,

Ihr Aussetzen des Peinlichen trifft ganz mit meiner Meinung zusammen, die ich allerdings in dieser Art fast gegenüber allem habe, was bisher von mir vorliegt. Bemerken Sie, wie wenig in dieser oder jener Form von diesem Peinlichen frei ist! Zur Erklärung dieser letzten Erzählung füge ich nur hinzu, daß nicht nur sie peinlich ist, daß vielmehr unsere allgemeine und meine besondere Zeit gleichfalls sehr peinlich war und ist und meine besondere sogar noch länger peinlich als die allgemeine. Gott weiß wie tief ich auf diesem Weg gekommen wäre, wenn ich weitergeschrieben

sich mit unter die Egge zu legen. Es geschieht ja nichts weiter, der Mann fängt bloß an, die Schrift zu entziffern, er spitzt den Mund, als horche er. Sie haben gesehen, es ist nicht leicht, die Schrift mit den Augen zu entziffern, unser Mann entziffert sie mit seinen Wunden.‹«

In der Landwirtschaft wird die Egge eingesetzt, um den Boden zu bereiten. Was unter der Todes»egge« geschieht, ist nichts weniger als Erlösung. Das Verstehen der Schrift erlöst, allerdings um den Preis der Existenzvernichtung. Wer will, kann darin eine Paraphrase der Literaturproduktion sehen, so wie der Autor sie verstand. Noch eine weitergehende Interpretation ist möglich. Die Schrift der Erzählung könnte auf die Heilige Schrift verweisen, schon weil Kafka vom Gebot (und nicht vom Gesetz) redet. Die Strafkolonie wäre dann eine Art Glaubensgemeinschaft, der »alte Kommandant« eine Art Gottvater oder wenigstens Religionsstifter (»›Nun, ich behaupte nicht zuviel, wenn ich sage, daß die Einrichtung der ganzen Strafkolonie sein Werk ist.‹«). Darauf deutet jedenfalls die Grabinschrift hin, von der »Prophezeiung« seiner Wiederkehr kündet sie, der Schlußappell an die Leser lautet: »Glaubet und wartet.«

Bliebe die Rolle des Offiziers. Mehr Gottessohn denn Hoherpriester, opfert er sich selbst. Dafür muß er eine Schuld auf sich nehmen. Sein Verstoß gegen das Gebot »Sei gerecht!« trifft ins Zentrum. Denn seine Gerechtigkeit ist keine, der als bloß irdischer schlicht Genüge getan werden könnte. Sie ist Voraussetzung für die Einsicht der Uneinsichtigen, sie ermöglicht den Heilsplan. Das wissen, mehr noch: das spüren alle Teilnehmer an der Exekution. »›Wie nahmen wir alle den Ausdruck der Verklärung von dem gemarterten Gesicht, wie hielten wir unsere Wangen in den Schein dieser endlich erreichten und schon vergehenden Gerechtigkeit.‹«

hätte oder besser, wenn mir meine Verhältnisse und mein Zustand das, mit allen Zähnen in allen Lippen, ersehnte Schreiben erlaubt hätten. Das haben sie aber nicht getan.

An Kurt Wolff über die ›Strafkolonie‹, 11. Oktober 1916

Als dieser Gerechtigkeit der Boden entzogen ist, wird folgerichtig das ausführende Instrument überflüssig. (Ob es sich selbst zerstört oder vom Offizier zerstört wird, hat wenig Bedeutung.) Ebenso konsequent richtet sich der Offizier selbst hin. Die Liquidation gleicht dem Opfertod, allerdings einem ohne Wiederauferstehung. Und an der Maschine versagt nicht nur die Mechanik. »Es war, wie es im Leben gewesen war; kein Zeichen der versprochenen Erlösung war zu entdecken; was alle anderen in der Maschine gefunden hatten, der Offizier fand es nicht.«

Dieser Erlöser ist kein Erlöster. Als Opfer mag sein Selbstmord ins Leere gehen, sein Kreuzestod bloße Parodie sein. Ob er eine ehrenwerte oder wahnhafte Perspektive ist, bleibt unentschieden: »die Lippen waren fest zusammengedrückt, die Augen waren offen, hatten den Ausdruck des Lebens, der Blick war ruhig und überzeugt«. Ebenfalls läßt der Erzähler in der Schwebe, ob er hier ein System konsequent durchstrukturiert oder pervertiert sieht. Nur daß nicht einfach seine Gewaltförmigkeit gebrandmarkt wird, steht außer Frage.

Das Ende dieser Erzählung hat Kafka nie überzeugt. Er schrieb mehrere Varianten, aber offenbar schien ihm die veröffentlichte dann doch noch am triftigsten. Unanfechtbar dagegen ist der Schluß des ›Proceß‹-Romans: »›Wie ein Hund!‹ sagte er, es war, als sollte die Scham ihn überleben.«

Auch die Hauptfigur dieses Romans gerät in ein Räderwerk, das sich als juristisches schon im Titel zu erkennen gibt oder doch zu erkennen geben scheint: ›Der Proceß‹. Unter An-

Kafka saß auf einer Rampe am Vortragspult, schattenhaft, dunkelhaarig, bleich, eine Gestalt, die ihre Verlegenheit über die eigene Erscheinung nicht wirklich zu bannen wußte. So las er, schräg gegen sein Pult sitzend […]. Mit den ersten Worten schien sich ein fader Blutgeruch auszubreiten, ein seltsam fader und blasser Geschmack legte sich mir auf die Lippen. Seine Stimme mochte entschuldigend klingen, aber messerscharf drangen seine Bilder in mich ein, Eisnadeln voll abgründiger Quälerei. […] Ein dumpfer Fall, Verwirrung im Saal, man trug eine ohnmächtige Dame hinaus. Die Schilderung ging inzwischen fort. Zweimal noch streckten seine Worte Ohnmächtige nieder. Die Reihen der Hörer und Hörerinnen begannen sich zu lichten. Manche flohen im letzten Augenblick, bevor die Vision des Dichters sie überwältigte. Niemals habe ich eine ähnliche Wirkung von gesprochenen Worten beobachtet.
Der Schweizer Schriftsteller Max Pulver 1953
über eine öffentliche Lesung der ›Strafkolonie‹ 1916 in München

35 ›Der Prozeß‹, 1992 (Regie: David Jones), Szene mit Kyle MacLachlan

klage steht einmal mehr der Kafkasche »Helden«typus: Josef
K. ist ein unauffälliger, aber durchaus erfolgreicher Bankpro-
kurist, diesmal (fast) ohne familiäre Bindungen, dafür mit re-
spektablem Bekanntenkreis. Er wird »eines Morgens verhaftet«, unter äußerst dubiosen Umständen, zu denen auch
gehört, daß er als Inhaftierter weiter seiner Wege gehen kann.
Schon diese Umstände werden einen rechtsstaatlich geeichten
Leser wundern, womöglich empören, aber damit haben die
Seltsamkeiten des Verfahrens nicht ihr Bewenden. Das Gericht verhandelt in Hinterzimmern und arbeitet auf Dachböden. Viele seiner Repräsentanten sind verkommen, es hat einen
ebenso unabsehbaren wie undurchschaubaren Instanzenzug.
Die Gesetze, nach denen es urteilt, finden sich in keinem Ge-
setzbuch, die Angeklagten bekommen ihre Anklage nie zu

> Ja, das Foltern ist mir äußerst
> wichtig, ich beschäftige mich mit
> nichts anderem als mit Gefoltert-
> werden und Foltern. Warum?
> [...] um aus dem verdammten
> Mund das verdammte Wort zu
> erfahren.
> *An Milena Jesenská, Mitte 1920*

36 ›Der Prozeß‹, 1992 (Regie: David Jones), Szene mit Kyle MacLachlan

Gesicht. K. führt seine Sache vor dieser Institution anfangs heroisch, aber schon bald ergreift der Prozeß derart Besitz von ihm, daß er sich nichts anderem mehr als seiner Verteidigung widmen kann. Am Ende steht die Hinrichtung in einem Steinbruch.

Wieder beginnt Kafka mit großem Elan, Max Brod notiert »Kafka wie in Ekstase«. In des Autors eigenem Tagebuch liest sich das weniger euphorisch, doch auch seine Notizen lassen insgesamt auf gutes Weiterkommen schließen. Allerdings überwiegen bald die Klagerufe, weil der Schreibfluß stockt. Mitte bis Ende Dezember des Jahres sieht Kafka überhaupt kein Weiterkommen mehr, Ende Januar 1915 gibt er die Arbeit am ›Proceß‹ ganz auf. Dabei hatte der Autor diesmal wohl genauere Vorstellungen von der Architektur seines Ro-

Die Gerichte sind auf Dachböden. Vielleicht nähert man sich ihrem Verständnis, erinnert man sich, daß Böden der Ort der gänzlich ausrangierten, vergessenen Effekten sind.
Walter Benjamin in seinen Notizen
zu einem Kafka-Essay, um 1930

mans als beim ›Verschollenen‹. Für einen Plan spricht die Niederschrift des ersten und des letzten Kapitels unmittelbar nacheinander, überdies entstehen beide gleich zu Anfang.

Das Scheitern gerade dieses Vorhabens hat dem Verfasser sehr zugesetzt. Begonnen nach der ersten Trennung von Felice Bauer, sollte der ›Proceß‹ vor der Welt und ihm selbst beweisen, daß er die große Form meistern konnte. Zur Erinnerung: In seinen Augen rechtfertigte nur ein Roman die Existenz als Schriftsteller.

Einmal mehr wollte Max Brod dem Freund ein Mißlingen ausreden. Brod hält den Roman für »mehr oder weniger geschlossen« und hatte schon 1919 dem Autor gedroht: »Ich werde doch deinen ›Prozeß‹ auf eigene Faust zu Ende schneidern.« 1921 veröffentlichte er eine Rezension des Werks, obwohl Kafka selbst nicht im entferntesten an eine Veröffentlichung dachte. Die Zeit hat Max Brods Übereifer bestätigt. Wenn ein einzelner Text den postumen Ruhm Kafkas begründet hat, dann der ›Proceß‹ – trotz seiner Unabgeschlossenheit.

Die Sekundärliteratur hat sich nicht nur Kafkas Œuvre im allgemeinen, sondern ebenfalls und gerade dieses Romans besonders angenommen. In den Hochzeiten der Kafka-Exegese weckte schon die schiere Menge von ›Proceß‹-Interpretationen den Verdacht, hier habe eine Art Deutungsbesessenheit gewütet.

Die Flutwelle der Äußerungen verdankt sich zum Teil den jeweils angesagten Ismen, doch tragen auch die zeitgeistig weniger ambitionierten Ausleger viel zum hohen Pegelstand bei. Was Wunder, daß im Fall Kafka schon früh von der Krise des Interpretierens gesprochen wurde. Zunächst taten das die Interpreten, um dann die »gültige« Lesart vorzulegen. Deshalb soll dies eine Mal vom Auslegen selbst die Rede sein.

Warum die alten Anstrengungen aufrühren? Nur deshalb weil ich sie bisher nicht verbrannt habe? Bis (nein, wenn […]) wenn ich nächstens komme, geschieht es hoffentlich. Worin liegt der Sinn des Aufhebens solcher »sogar« künstlerisch mißlungener Arbeiten? Darin, daß man hofft, daß sich aus diesen Stückchen mein Ganzes zusammensetzen wird, irgendeine Berufungsinstanz, an deren Brust ich werde schlagen können, wenn ich in Not bin. Ich weiß, daß das nicht möglich ist, daß von dort keine Hilfe kommt. Was soll ich also mit den Sachen?
An Max Brod über den ›Verschollenen‹ und den ›Prozeß‹,
4. Januar 1918

Weil die Arbeit am Roman unmittelbar nach dem berüchtigten Zusammentreffen in einem Berliner Hotelzimmer einsetzte, weil Kafka diese Auseinandersetzung als Gerichtstag beschrieb, lag es nahe, den ›Proceß‹ autobiographisch zu deuten. Höchst signifikant sei die Initiale K. für den Helden, (der auch noch den zweiten Vornamen des damals allgegenwärtigen Monarchen Franz Joseph hat, während sein Schöpfer dessen ersten trägt), die Entsprechung der Namen F(elice) Bauer und F(räulein) Bürstner, der geheimen weiblichen Hauptgestalt. Und schon das Lebensjahr des Autors bei der Abfassung des Werks stimme nahezu mit dem von Josef K. überein, der »am Vorabend seines einunddreißigsten Geburtstages« stirbt. Ferner habe Kafka das gleiche problematische Frauenbild wie die Romanfigur; Elias Canetti (›Der andere Prozeß. Kafkas Briefe an Felice‹) verglich die reale Entlobung sogar mit der Exekution im Roman. Selbst daß ein Steinbruch als Hinrichtungsstätte dient, läßt sich auf die Berufstätigkeit des Autors zurückführen: Damals sammelte Kafka Material für seinen Aufsatz ›Die Unfallverhütung in den Steinbruchbetrieben‹. Und keineswegs nur hinsichtlich dieser Örtlichkeit, auch sonst hat es nicht an Versuchen gefehlt, im Roman Prager Lokalitäten aufzuspüren. So wurde etwa die Kirche, in der die Schlüsselszene des ›Proceß‹ spielt, oft für den Veitsdom gehalten.

Noch mehr Gefolgschaft fand die Ansicht, Thema des Romans sei die verwaltete Welt. Manches spricht dafür, daß Josef K. ihrer Bürokratie zum Opfer fällt. In diesem Zusammenhang wird immer wieder Alfred Webers Essay ›Der Beamte‹ angeführt, er charakterisiert den Verwaltungs»apparat« als »riesenhaftes, rechnerisches Etwas […], ein System, das mit einem toten Vor- und Nacheinander, brockenweisen Miteinander, seelenlosen Füreinander sich über alle Arbeit, alles Schaffen breitet.«

37 Bohumil Kubišta: Steinbruch ▶
in Braník (heute ein Stadtteil Prags).
Öl auf Leinwand, 1911

›Der Beamte‹ erschien 1910 in der ›Neuen Rundschau‹, die Kafka zumindest gelegentlich las. Wenn schon nicht wegen des Themas, dürfte der Essay doch wegen des Verfassers seine Aufmerksamkeit gefunden haben: Alfred, Bruder des Soziologen Max Weber, lehrte von 1904 bis 1907 an der Prager Universität und hatte jenem Ausschuß angehört, der Kafka promovierte. Schließlich kann der ›Prozeß‹-Autor selbst als Bürokratie-Experte gelten. Im »Amt« konnte er verfolgen, wie aus Menschen Fälle, aus existentiellen Notlagen Vorgänge wurden. Selbst heute findet die These vom Bürokratiekritiker-Kafka Widerhall.

Mit Beginn des Nazi-Terrors fand diese Sicht auf den Roman einen neuen Fluchtpunkt. Jetzt galt die Behörde, galt zumindest das Auftreten ihrer Schergen als Vorwegnahme der Hitler-Barbarei. Und wie selbstverständlich wollte man in Kafkas »Gericht« auch die stalinistischen Machtapparate wiedererkennen. Dem marxistischen Literaturwissenschaftler Georg Lukács, der nach dem Scheitern des Ungarn-Aufstands 1956 als Konterrevolutionär inhaftiert wurde, schreibt man den Satz zu: »Kafka war doch Realist«. Das hatte er zuvor entschieden in Abrede gestellt.

Die autobiographische wie die gesellschaftskritische Perspektive laufen auf die Machtfrage zu. Es ist nur die Frage, warum das Gericht solche Macht hat. Gerne werden in diesem Zusammenhang Kafkas Äußerungen zum »Gerichtstag«

im Askanischen Hof zitiert. Der »Richterin« Grete Bloch gegenüber hält der damalige »Angeklagte« fest, der unerbittlichere Richter über sich selbst zu sein. »In Wirklichkeit saß ich auf Ihrem Platz und habe ihn bis heute nicht verlassen.« (Brief vom 15. Oktober 1914)

Nun ist schon die Frage verwegen, ob Franz Kafka seinen Helden sozusagen stellvertretend zum Tod verurteilt. Wer vom Roman her beurteilen will, warum K. angeklagt wird, wer in diesem Prozeß kein Beispiel blanker Justiz- respektive Behördenwillkür sehen möchte, der muß zunächst nach einer Schuld, wenigstens nach einem Schuldbewußtsein suchen. Anfangs geht K. ja von der Rechtsstaatlichkeit des Verfahrens aus. Deshalb inszeniert er mit vollem Recht – und vermutlich heftiger Sympathie des Lesers – sein erstes Verhör als flammende Anklage gegen das Gericht. Sein Schlußwort läßt an Deutlichkeit nichts zu wünschen übrig: »›Ihr Lumpen, […] ich schenke Euch alle Verhöre.‹«

Nur geht bei allem Mannesmut dieses Plädoyer ins Leere. K. hat den Prozeß kraß mißverstanden. Zu klären wäre, welches Verfahren hier überhaupt anhängig ist. Gut möglich, daß sich der Leser dabei ebenso hilflos fühlt wie der Protagonist. Womöglich sogar noch früher als Josef K. nimmt ihn die Atmosphäre der Aussichtslosigkeit gefangen. Und dann fällt eben doch der Gedanke lästig, Kafka habe die eigene (elende) Existenz literarisiert. Demnach kann es nicht schaden, sich von der biographischen Perspektive denkbar weit zu distanzieren.

Die Prozeß-Metapher ist in der Sekundärliteratur wahrlich gedreht und gewendet worden. Nicht wenige Interpreten sind der Überzeugung, daß hier »letzte Dinge« verhandelt werden. Schon Max Brod hat diese Ansicht vehement vertre-

Sie kamen durch einige ansteigende Gassen, in denen hie und da Polizisten standen oder giengen, bald in der Ferne, bald in nächster Nähe. Einer mit buschigem Schnurrbart, die Hand am Griff des Säbels trat wie mit Absicht nahe an die nicht ganz unverdächtige Gruppe. Die Herren stockten, der Polizeimann schien schon den Mund zu öffnen, da zog K. mit Macht die Herren vorwärts. Öfters drehte er sich vorsichtig um, ob der Polizeimann nicht folge; als sie aber eine Ecke zwischen sich und dem Polizeimann hatten fieng K. zu laufen an, die Herren mußten trotz großer Atemnot auch mitlaufen.

›Der Prozeß‹

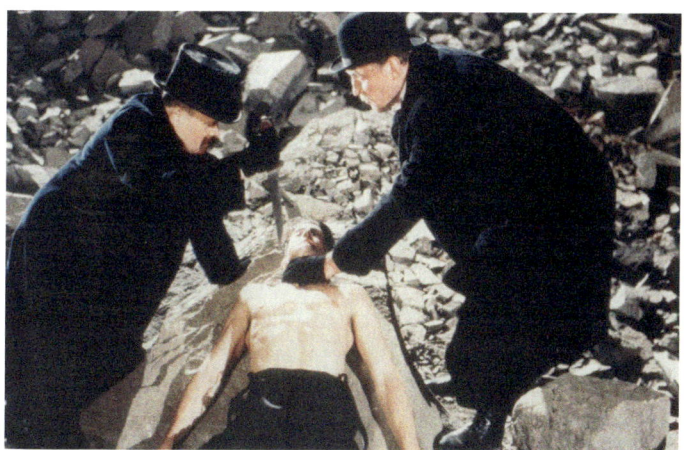

38 ›Der Prozeß‹, 1992 (Regie: David Jones), Szene mit Kyle MacLachlan

ten, der Prager Kritiker Willy Haas (1891–1973) spricht 1925 vom ›Proceß‹ als einem »metaphysischen Coup de foudre«. Einige jüngere Untersuchungen haben detaillierter nachgewiesen, daß Kafkas Roman voller Verweise auf die jüdisch-christliche Tradition steckt. So zeigt er den Delinquenten am Schluß mit erhobenen Händen und gespreizten Fingern wie bei einem Priestersegen, die Umstände seines Todes erinnern an ein rituelles Opfer. Daß K. beim letzten Vergleich der Hund einfällt, läßt freilich befürchten, dieses Opfer werde nicht angenommen. Dafür steht das Bild des Hundes jedenfalls in der ›Volkstümlichen Geschichte der Juden‹ von Heinrich Graetz, deren drei Bände Kafka am 1. November 1911 »gierig und glücklich« zu lesen begann.

Im Umgang mit den »letzten Dingen« ist besondere Vorsicht geboten, keineswegs nur eingedenk Walter Benjamins

Ich hatte vor Dir das Selbstvertrauen verloren, dafür ein grenzenloses Schuldbewusstsein eingetauscht. (In Erinnerung an diese Grenzenlosigkeit schrieb ich von jemandem einmal richtig: »Er fürchtet die Scham werde ihn noch überleben.«)

Stelle im ›Brief an den Vater‹, wo Kafka sich ausdrücklich auf den letzten Satz seines ›Proceß‹-Romans bezieht

Diktum aus dem Jahr 1934: »Zwei Wege gibt es, Kafkas Schriften grundsätzlich zu verfehlen. Die natürliche Auslegung ist der eine, die übernatürliche ist der andere; am Wesentlichen gehen beide – die psychoanalytische wie die theologische – in gleicher Weise vorbei.« Damit ist natürlich noch nicht die Frage beantwortet, wie das Wesentliche zu treffen wäre.

Kafkas Arbeiten fordern die Frage heraus, ob Deutungshoheit überhaupt beansprucht werden kann. Kaum zufällig exemplifizieren die Vertreter der nachhermeneutischen Literaturtheorien ihre Ansätze auffällig oft an Kafka. Diese Ansätze verneinen bei aller Verschiedenheit im einzelnen die – herkömmlich unterstellte – »organische Struktur« eines Kunstwerks. Genau das aber setzten die Methoden unter dem Horizont der Hermeneutik voraus: eine in sich geschlossene, absichtsvoll organisierte Schöpfung, bei der jedes Detail aufs Ganze verwiese. Im Vertrauen auf solche Autonomie betrieben sie ihr Geschäft der Auslegung.

Die im Falle Kafkas folgenreichste Darstellung aus dem Kreis nachhermeneutischen Theorien war die Abhandlung ›Préjugés. Devant la loi‹ von Jacques Derrida. 1985 veröffentlicht, erschien der Essay 1992 auch auf deutsch und hat nicht nur hierzulande eine beachtliche Sekundär(wohl besser: Tertiär)literatur generiert. In seinem Zentrum steht das Kernstück des ›Proceß‹-Romans, die »Legende« ›Vor dem Gesetz‹. »Vor dem Gesetz« erscheint »ein Mann vom Lande« und begehrt Eintritt, den der Türhüter ihm einstweilen verwehrt: »›Es ist möglich‹, [...] ›jetzt aber nicht‹«. Der Mann fügt sich und beschließt, zu warten. Bei seinem Tod schließt der Türhüter den Eingang zum Gesetz, »›denn dieser [...] war nur für Dich bestimmt‹«.

Kafka selbst hatte den Text aus dem Fragment isoliert, ihn unter dem Titel ›Vor dem Gesetz‹ in den Band ›Ein Landarzt‹

Jeder Satz spricht deute mich,
und keiner will es dulden.
Theodor W. Adorno: Aufzeichnungen zu Kafka

aufgenommen und damit seine Bedeutung noch einmal betont. Der größte Ansporn, die »Türhütergeschichte« als Mittelpunkt einer Kafka-Lektüre zu wählen, liegt aber doch vielleicht darin, daß sich an ihr so viele Interpreten die Zähne
ausgebissen haben. Nach Derrida ist das kein Wunder. Denn
sie thematisiert die Auswegslosigkeit der Lektüresituation,
auswegslos wegen der problematischen »Wechselbeziehung«
von Singularität, nämlich der Erzählung, und Generalität,
nämlich dem Gesetz. Erzählung und Gesetz erscheinen vor-
einander. Das muß geschehen, um beider Eigenheit kenntlich
zu machen – aber sie können sich nicht begegnen. Die verwei-
gerte Dialektik bedingt im Fall der Erzählung einen »Aufschub der Bedeutung«, und zwar keinen vorläufigen, sondern
einen immerwährenden. Indem das Gesetz nicht geradewegs
»nein« sagt, sondern »noch nicht«, stimuliert es die Erwar-
tung (und hält damit den Mann vom Lande vor dem Eingang
fest) ebenso wie es sie enttäuschen muß. So veranschaulicht
›Vor dem Gesetz‹ die Struktur, welche zwar Sinn suggeriert,
ihn aber gleichzeitig verweigert.

Aus Derridas Verständnis der Türhüterlegende folgt ihre
Unverbindlichkeit. Die Situation vor dem Gesetz wird zur
»Lektüresituation«, dabei geht es auch für den Mann vom
Lande um Leben und Tod. Allerdings entscheidet er sich für
das Warten. Er wartet auf die Erlaubnis zum Eintritt ins Gesetz, akzeptiert die Macht des Türhüters, den er sogar zu be-
stechen versucht. Demnach wartet der Mann, doch er wartet
nicht einfach ab, sondern versucht, die Wartezeit zu nutzen.
»›Während der vielen Jahre beobachtet der Mann den Türhüter ununterbrochen.‹« Nur nimmt das Warten kein Ende, »er
wird kindisch und da er in dem jahrelangen Studium des
Türhüters auch die Flöhe in seinem Pelzkragen erkannt hat,

»Der Mann kommt erst zum Gesetz, der Türhüter ist schon dort. Er ist
vom Gesetz zum Dienst bestellt, an seiner Würdigkeit zu zweifeln, hieße
am Gesetz zweifeln.« »Mit dieser Meinung stimme ich nicht überein«,
sagte K. kopfschüttelnd, »denn wenn man sich ihr anschließt, muß man
alles, was der Türhüter sagt für wahr halten. Daß das aber nicht möglich
ist, hast Du ja selbst ausführlich begründet.« »Nein«, sagte der Geistliche,
»man muß nicht alles für wahr halten, man muß es nur für notwendig
halten.« »Trübselige Meinung«, sagte K. »Die Lüge wird zur Weltordnung gemacht.«

›Der Prozeß‹

bittet er auch die Flöhe ihm zu helfen und den Türhüter um-
zustimmen.« Es findet also eine Verschiebung, eine Ablen-
kung statt: Vom Gesetz zum Türhüter und schließlich zu den
Flöhen in seinem Pelz.

Statt des Gesetzes- das Türhüterstudium, schließlich behauptet der Zerberus von sich, mächtig zu sein. Auf die »›Tü-
re des Gesetzes‹« wird der Mann erst im Sterben wieder aufmerksam. Dort bricht ein »›Glanz‹« hervor, einmal mehr wirkt
der nahe Tod erhellend. Nun stellt er auch eine Frage, die
ihm früher offenbar nicht eingefallen ist: »›Wie so kommt es,
daß in den vielen Jahren niemand außer mir Einlaß verlangt
hat?‹«. Antwort: »Hier konnte niemand sonst Einlaß erhalten,
denn dieser Eingang war nur für Dich bestimmt. Ich gehe jetzt
und schließe ihn.«

Wie gesagt, kein Interpret hat diese »Legende« überzeugend zu lesen gewußt, und nicht wenige Deutungen erinnern
an den Satz ihres Erzählers: »›Die Schrift ist unveränderlich
und die Meinungen sind oft nur ein Ausdruck der Verzweiflung darüber‹«. Die Formel von der »Sinnstimulierung bei
gleichzeitiger Sinnverweigerung« wäre deshalb nicht das
schlechteste Verständnisangebot, gäbe es da nicht die Stelle in
Kafkas Tagebuch. Wieder mit Felice zusammen, liest er ihr aus
dem ›Proceß‹-Manuskript vor: »Bei der Türhütergeschichte
größere Aufmerksamkeit und gute Beobachtung. Mir gieng
die Bedeutung der Geschichte erst auf, auch sie erfaßte sie
richtig, dann allerdings fuhren wir mit groben Bemerkungen
in sie hinein, ich machte den Anfang.« (24. Januar 1915)

Immerhin kann Bedeutung in der Bedeutungsverweigerung
liegen, die ja auch dem Roman als ganzes zugeschrieben wurde. Doch warum heißt und spielt das vermutliche Schlüssel-
kapitel des Romans ›Im Dom‹? Ironischerweise kommt Josef
K. als Cicerone, mithin als Anwalt des Säkularen, an diesen

»Du bist der Gefängniskaplan,« sagte K. und gieng näher zum Geistlichen
hin, seine sofortige Rückkehr in die Bank war nicht so notwendig wie er
sie dargestellt hatte, er konnte recht gut noch hier bleiben. »Ich gehöre also zum Gericht«, sagte der Geistliche. »Warum sollte ich also etwas von
Dir wollen. Das Gericht will nichts von Dir. Es nimmt Dich auf wenn Du
kommst und es entläßt Dich wenn Du gehst.«

›Der Prozeß‹

Ort der letzten Dinge. Er soll einem italienischen Geschäfts-
partner seiner Bank die Sehenswürdigkeiten zeigen und hat
sich zu diesem Zweck einen bebilderten Reiseführer besorgt.
Der Italiener bleibt aus, und nicht K. gibt Erklärungen zu tou-
ristischen Attraktionen, sondern der »Gefängniskaplan« Erklärungen zu seinem Prozess.

Dieser Geistliche erzählt auch die »Türhütergeschichte«, er
nennt sie »Legende«. Josef K. verfängt sich in Fragen ihrer
Auslegung und bricht die angestrengte, unübersehbare Exe-
gese mit den Worten ab: »›Gewiß, ich muß fortgehn. Ich bin

39 ›Der Prozeß‹, 1962 (Regie: Orson
Welles), Szene mit Anthony Perkins

Prokurist einer Bank, man wartet auf mich, ich bin nur herge-
kommen, um einem ausländischen Geschäftsfreund den Dom
zu zeigen.‹« Hier haben viele Erklärer triumphierend den Finger gereckt. Josef K. sei eben ein Mensch, der nicht über den
Tellerrand des Alltags hinausdenke, darin liege seine Schuld.
Doch eher sucht die Hauptfigur Zuflucht beim konventionel-
len Bezugsrahmen, als daß sie sich auf ihn beruft.

Noch einmal: Für den Mann vom Lande wie für Josef K.
geht es um Leben und Tod. Der Mann vom Lande entscheidet
sich für das Warten. Josef K. tut das nicht, wenngleich er lange versucht, seinem Prozess zu entgehen. Übrigens operiert
hier schon Walter Benjamin mit dem Begriff »Aufschub«:
»Aufschub ist im ›Prozeß‹ die Hoffnung des Angeklagten –
ginge nur das Verfahren nicht allmählich ins Urteil über.«
Josef K. bricht zuletzt mit dieser Hoffnung. Er will seine Hinrichtung nicht länger aufschieben, obgleich er sich weigert,
sie mit eigener Hand zu vollziehen. Und trotz dieser Bejahung
liegt in seiner letzten Geste ein Aufbegehren und eine unver-
söhnte Bitterkeit. Darum droht die Scham über sein Leben
hinauszureichen.

Insofern jedes Leben zum Tod verurteilt ist, muß es sich
diesem Ende stellen. K. hat dieses Verhaftetsein – wie so
manche Figur Kafkas – nicht deuten wollen, den Tod als Gesetz des Lebens verdrängt. Jeder stirbt. Allerdings: zu sagen,
wer sein Leben verfehlt, stirbt erst recht, ist nur eine theologische Pointe. Auch wird der Protagonist keineswegs schuldig,
weil er einer selbstbestimmten Existenz ausgewichen ist; im
Roman unterliegt aufklärerisches Pathos dem Ironieverdikt.
Ob die Einsicht ins Gesetz das Leben ändern kann, bleibt offen. »›Ich bin aber nicht schuldig‹, sagt K. ›Es ist ein Irrtum.
Wie kann denn ein Mensch überhaupt schuldig sein. Wir sind
hier doch alle Menschen, einer wie der andere.‹ ›Das ist rich-

---

Ein erstes Zeichen beginnender Erkenntnis ist der Wunsch zu sterben.
Dieses Leben scheint unerträglich, ein anderes unerreichbar. Man schämt
sich nicht mehr, sterben zu wollen, man bittet aus der alten Zelle die man
haßt, in eine neue gebracht zu werden, die man erst hassen lernen wird.
Ein Rest von Glauben wirkt dabei mit, während des Transportes werde
zufällig der Herr durch den Gang kommen, den Gefangenen ansehn und
sagen: Diesen sollt ihr nicht wieder einsperren. Er kommt zu mir.
Aus dem Umkreis der ›Er-Aphorismen‹, um 1920

tig‹, sagte der Geistliche, ›aber so pflegen die Schuldigen zu reden.‹« – Und was den Mann vom Lande angeht: Wenn die Türhütergeschichte eine »Legende« ist, liegt es nahe, ihn als Märtyrer zu verstehen.

Wie der Mann vom Lande nicht Josef K., ist Josef K. nicht Franz Kafka. Vielmehr gibt der Autor seinem Umgang mit dem Tod ausdrücklich eine artistische Note. Kurz vor dem Abbrechen seiner Arbeit am ›Proceß‹ findet sich im Tagebuch die Eintragung: »Auf dem Nachhauseweg sagte ich Max, daß ich auf dem Sterbebett vorausgesetzt daß die Schmerzen nicht zu groß sind, sehr zufrieden sein werde. Ich vergaß hinzuzufügen und habe es später mit Absicht unterlassen, daß das Beste was ich geschrieben habe, in dieser Fähigkeit zufrieden sterben zu können, seinen Grund hat. An allen diesen guten und stark überzeugenden Stellen handelt es sich immer darum, daß jemand stirbt, daß es ihm sehr schwer wird, daß darin für ihn ein Unrecht und wenigstens eine Härte liegt und daß das für den Leser wenigstens meiner Meinung nach rührend wird. Für mich aber, der ich glaube auf dem Sterbebett zufrieden sein zu können, sind solche Schilderungen im geheimen ein Spiel, ich freue mich ja in dem Sterbenden zu sterben, nütze daher mit Berechnung die auf den Tod gesammelte Aufmerksamkeit des Lesers aus, bin bei viel klarerem Verstande als er, von dem ich annehme, daß er auf dem Sterbebett klagen wird, und meine Klage ist daher möglichst vollkommen, bricht auch nicht etwa ab wie wirkliche Klage, sondern verläuft schön und rein.« (13. Dezember 1914)

Im Bann der Krankheit

Der Krieg ermöglichte respektive erzwang den Auszug aus der elterlichen Wohnung. Schwester Elli und ihre beiden Kinder waren nach der Einberufung Karl Hermanns zu den Kafkas gezogen, nun herrschte im Oppeltschen Haus drangvolle Enge. Da aber Schwester Valli – auch ihr Gatte hatte einrücken müssen – bei den Schwiegereltern Aufnahme fand, stand die Bleibe der Pollaks leer. So kam Franz Kafka für einige Monate in den Genuß ihrer vier Wände (Bílkova 10). September 1914 übernahm er dann die Wohnung Ellis in den Königlichen Weinbergen (Vinohrady). Franz Kafka hatte zwar mit dem Kriegsdienst kokettiert, doch gemessen an seiner bisherigen Ortstreue war diese räumliche Trennung von den Eltern spektakulär genug. Anfang Februar 1915 wurde er sogar Zimmerherr: im Haus von Schwester Valli. Dort hielt es ihn jedoch nur einen einzigen Monat. Seine nächste Adresse hieß Dlouhá 18 (heute 16), freilich residierte er im fünften Stock des erst 1914 fertiggestellten Baus gleichfalls nur als Untermieter. Schnell fand er auch diese zentral gelegene Wohnung zu laut, suchte dauernd, wenngleich nicht ausdauernd nach einer neuen Behausung.

Ende 1916 fand seine Schwester Ottla ein Domizil auf der Burg, genauer im Goldenen Gäßchen (Zlatá ulička), das heute die Prag-Touristen verstopfen. Damals war es ein entlegener Flecken Metropole, und die winzige Unterkunft eignete sich zu wenig mehr als zum nächtlichen Schreiben. Geschrieben allerdings hatte Franz Kafka fast zwei Jahre lang nichts mehr, zumindest nichts von Belang. Doch nun entstehen hoch über

Zur Erinnerung: Während Kafka seiner Arbeit nachgeht, während er die Abgeschiedenheit, ja Idylle des Goldenen Gäßchens genießt, herrschen draußen Krieg und Kriegszustand: 1915 wird Karel Kramář, Führer der Jungtschechen, angeblich wegen Hochverrats inhaftiert und zum Tode verurteilt. Der tschechisch-nationale Turnverein Sokol wird ebenso verboten wie mehrere regierungskritische Zeitungen. Dennoch gewinnt die »Maffia«, ein Zusammenschluß tschechischer Oppositioneller, immer mehr Einfluß und Anhänger.

40   Zlatá ulička – das Goldene Gäßchen zieht heute viele Touristen an.

dem winterlichen Prag in rascher Folge einige Erzählungen, darunter ›Ein Landarzt‹, die auch dem wichtigsten zu Kafkas Lebzeiten veröffentlichten Buch den Titel gab. (Es erschien kriegs- und nachkriegsbedingt erst im Frühjahr 1920.)

Am 7. Juli 1917 schickt er Kurt Wolff »etwas von dem Brauchbaren aus dieser Zeit«, die »allerdings schon wieder vorüber ist.« Wolffs Antwort – »Ich […] finde diese kurzen Prosastücke ganz außerordentlich schön und reif« – ermutigt ihn zu einem kühnen Lebensentwurf und einer vorsichtigen Anfrage für die Zeit nach dem Krieg: »Ich werde meinen Posten aufgeben […] werde heiraten und aus Prag wegziehn, vielleicht nach Berlin. Ich werde zwar, wie ich heute noch glauben darf, auch dann nicht ausschließlich auf den Ertrag meiner literarischen Arbeiten angewiesen sein, trotzdem aber

Allein in der Wohnung meiner Schwester. Sie liegt tiefer als mein Zimmer, es ist auch eine abseits gelegene Gasse, daher lautes Gerede der Nachbarn unten vor den Türen. Auch Pfeifen. Sonst vollendete Einsamkeit. […] Ich habe dem Hausherrn, als ich die Wohnung für mich mietete, wahrscheinlich ein Schriftstück unterschrieben, in dem ich mich zu einer zweijährigen oder gar sechsjährigen Miete verpflichtet habe. Jetzt stellt er die Forderungen aus diesem Vertrag. Die Dummheit oder besser allgemeine und endgültige Wehrlosigkeit, die mein Verhalten zeigt.

Tagebuch vom 3. und 4. August 1914

habe ich oder der tief in mir sitzende Beamte, was dasselbe ist, vor jener Zeit eine bedrückende Angst; ich hoffe nur, daß Sie verehrter Herr Wolff, mich dann, vorausgesetzt natürlich, daß ich es halbwegs verdiene nicht ganz verlassen. Ein Wort von Ihnen, schon jetzt darüber gesagt, würde mir, über alle Unsicherheit der Gegenwart und Zukunft hinweg, doch viel bedeuten.« (Brief vom 27. Juli 1917)

Schon vor dem Bezug der Schreibklause in der Zlatá ulička war Kafka auf eine Wohnung gestoßen, die es ihm angetan hatte. Sie lag im Kleinseitner Schönborn-Palais, dem heutigen Sitz der Amerikanischen Botschaft. Doch erst Anfang März 1917 stand das neue Quartier frei. Daß er sich ausgerechnet hier, wie der Vater immer wieder behauptete und er selbst zugestand, seine Lungenkrankheit holte, ist wohl doch Ironie des Schicksals. Einmal hatte er sein Leben selbst in die Hand genommen – und es war niemals gutzumachen.

Kafka hat seinen (ersten) Blutsturz in der Nacht vom 12. zum 13. August einige Male beschrieben (ein zweiter folgt eine Nacht später). Von der Familie wurde zuerst, wie konnte es anders sein, Schwester Ottla eingeweiht. Am 29. August erfährt sie: »Vor etwa 3 Wochen habe ich in der Nacht einen Blutsturz aus der Lunge gehabt. Es war etwa 4 Uhr früh, ich wache auf, wundere mich über merkwürdig viel Speichel im Mund, spucke es aus, zünde dann doch an, merkwürdig, es ist ein Patzen Blut. Und nun beginnts. Chrlení [tschechisch für speien, chrlení krve = Blutsturz, D. A.], ich weiß nicht, ob es richtig geschrieben ist, aber ein guter Ausdruck ist es für dieses Quellen in der Kehle. Ich dachte, es werde gar nicht aufhören.«

Aufschlußreich sind auch Kafkas Versuche, seiner Krankheit interpretierend beizukommen. Im Tagebuch vermerkt er

Heute entspricht es mir ganz und gar. In allem: der schöne Weg hinauf, die Stille dort […]; ich trage mir das Abendessen hinauf und bin dort meistens bis Mitternacht; […] es ist etwas Besonderes, sein Haus zu haben, hinter der Welt die Tür nicht des Zimmers, nicht der Wohnung, sondern gleich des Hauses abzusperren, aus der Wohnungstür geradezu in den Schnee der stillen Gasse zu treten.

An Felice Bauer über das Haus im Goldenen Gäßchen,
etwa Jahreswechsel 1916/17

am 15. September 1917: »Ist die Lungenwunde nur ein Sinnbild, wie Du behauptest, Sinnbild der Wunde, deren Entzündung Felice und deren Tiefe Rechtfertigung heißt, ist dies so, dann sind auch die ärztlichen Ratschläge (Licht Luft Sonne Ruhe) Sinnbild. Fasse dieses Sinnbild an.« An Max Brod schreibt er: »Allerdings ist hier noch die Wunde, deren Sinnbild nur die Lungenwunde ist. […] Immerfort suche ich eine Erklärung der Krankheit, denn selbst erjagt habe ich sie doch nicht. Manchmal scheint es mir, Gehirn und Lunge hätten sich ohne mein Wissen verständigt. ›So geht es nicht weiter‹ hat das Gehirn gesagt und nach fünf Jahren hat sich die Lunge bereit erklärt, zu helfen.«

Schon vorher hat die »Wunde« in seinen Texten eine signifikante Funktion, so im ›Bericht für eine Akademie‹ (entstanden um den 20. April 1917) und im ›Landarzt‹ (entstanden im Winter 1916/17). Einmal mehr geht es im ›Bericht‹ um eine Verwandlung, diesmal vom Affen zu einem fast menschlichen Wesen. Gewiß sieht der Affe Rotpeter diese Karriere, sieht die sogar akademiefähige, weitestmögliche Distanz von seiner tierischen Herkunft ohne Illusionen. Der »freie« Affe domestiziert sich eigentlich selbst, das ist in der Gefangenschaft eine Frage des Überlebens. Je menschenähnlicher er wird, desto höher steigt sein Marktwert, desto erträglicher wird die gezähmte Existenz, zu der es keine Alternative gibt.

Das Tier hat demnach zwingende Gründe, so tief wie möglich »in die Menschenwelt« einzudringen. Doch es zahlt für seinen Erfolg einen hohen Preis: sein Entwicklungsgang ist unumkehrbar, es kann nicht mehr ins Dasein des Affen zurück. Seine rasante Flucht nach vorn bedeutet eben nicht »Freiheit«, sondern lediglich »Ausweg«. Und dieser Weg kennt nur eine Richtung: hin zu immer mehr Unfreiheit, zu immer bedingungsloserer Unterwerfung. »Gerade Verzicht

Du sagtest dort übrigens, ich wäre leichtsinnig, im Gegenteil, zu rechnerisch bin ich und dieser Leute Schicksal sagt schon die Bibel voraus. Aber ich klage ja nicht, heute weniger als sonst. Auch habe ich es selbst vorausgesagt. Erinnerst Du Dich an die Blutwunde im ›Landarzt‹.
An Max Brod, 5. September 1917 (drei Wochen nach dem Blutsturz)

auf jeden Eigensinn war das oberste Gebot, das ich mir auferlegt hatte, ich freier Affe, fügte mich diesem Joch«: So wird Rotpeter Varietékünstler, reüssiert in »der zivilisierten Welt«. Er stellt seine Menschlichkeit zur Schau, die doch nur Sensation macht, weil sie vom Affen herstammt. Damit entbehrt seine Kunst aller Heiterkeit.

Schärfer könnte die Abrechnung mit der imitierten Spezies nicht ausfallen: Denn die Krone der Schöpfung kann so erfolgreich nur nachgeahmt werden, weil sie selbst ihrer Freiheit verlustig gegangen ist. Das allein ermöglicht die Anpassung – des Menschen wie des Affen. Die große Pointe der Erzählung ist die Pointe aller gelungenen Abrichtung: Der Dompteur ist in Wahrheit der Dressierte, er nämlich kann nicht anders, als an die Möglichkeit von Dressur glauben.

Darüber ist der Affe weit hinaus. Wenigstens bleibt seine tierische Vergangenheit durch ihr Ende erinnerbar: und zwar dank der Narben zweier Wunden. Von den beiden Schüssen eines Fängers verletzt ihn der eine an der Wange, mittelbar »verpaßt« er ihm den skandalösen Namen Rotpeter. Der andere aber, der »frevelhafte« Schuß, »traf mich unterhalb der Hüfte. Er war schwer, er hat es verschuldet, daß ich heute noch ein wenig hinke.« Auf dieser Wunde besteht der Affe. Sie erklärt die eingeschränkte Bewegungsmöglichkeit und ist gleichzeitig Ausweis seiner einstigen Freiheit; aus ihr spricht die Geschlagenheit seiner jetzigen Existenz ebenso wie ihre Rechtfertigung. Gerade im Herzeigen der Hüftwunde liegt Würde. Wenn diese Demonstration der »zivilisierten Welt« als äffisches Verhalten gilt, zeigt es nur noch einmal, auf welcher Seite die tatsächlich Verständnislosen, die eigentlich Unfreien stehen.

Der Sturm, der mir aus meiner Vergangenheit nachblies, sänftigte sich; heute ist es nur ein Luftzug, der mir die Fersen kühlt; und das Loch in der Ferne, durch das er kommt und durch das ich einstmals kam, ist so klein geworden, daß ich, wenn überhaupt die Kräfte und der Wille hinreichen würden, um bis dorthin zurückzulaufen, das Fell mir vom Leib schinden müßte, um durchzukommen. Offen gesprochen, so gerne ich auch Bilder wähle für diese Dinge, offen gesprochen: Ihr Affentum, meine Herren, soferne Sie etwas Derartiges hinter sich haben, kann Ihnen nicht ferner sein als mir das meine. An der Ferse aber kitzelt es jeden, der hier auf Erden geht: den kleinen Schimpansen wie den großen Achilles.

›Ein Bericht für eine Akademie‹

41 Kafkas Lieblingsonkel, der Landarzt Dr. Siegfried Löwy (1867–1942)

Man hat beim ›Landarzt‹ häufig an des Autors Onkel Siegfried Löwy gedacht, aber der biographische Hinweis legt eine falsche Fährte. Hier wird auf keine »reale« Landarzt-Existenz rekurriert (und schon gar nicht auf eine, die an die hirnrissigen Idyllen einschlägiger TV-Serien erinnern könnte). Einen Anhalt gibt der durchlaufende, also nicht abschnittweise gegliederte Text. Dieses Kontinuum deutet auf einen Traumbericht, der sich nur ganz zu Beginn als Geschichte gibt.

Eben noch hat der Ich-Erzähler beklagt, ihm fehle ein Pferd für die dringende Fahrt zu einem Patienten. Die Situation ist ausweglos, aber schon verspricht ein nie gekannter Knecht Abhilfe – freilich um den Preis, daß er sich des Dienstmädchens Rosa bemächtigt. Zwei Rösser holt dieses »Vieh« aus einem längst vergessenen Stall, sie bringen den Wagen in Windeseile ans Krankenlager. Zunächst findet der Arzt den Leidenden ganz gesund, entdeckt dann aber dessen lebensgefährliche Wunde. Ein Ritual der Familie zwingt den entkleideten Doktor an die Seite des todgeweihten Jungen. Zwar kann er noch zu seiner Kutsche und zu seinen Pferden fliehen, aber die führen ihn keineswegs nach Hause. »Nackt, dem Froste dieses unglückseligsten Zeitalters ausgesetzt, mit irdischem Wagen, unirdischen Pferden, treibe ich mich alter Mann umher.«

Zeitweilige Befriedigung kann ich von Arbeiten wie ›Landarzt‹ noch haben, vorausgesetzt daß mir etwas derartiges noch gelingt (sehr unwahrscheinlich). Glück aber nur, falls ich die Welt ins Reine, Wahre, Unveränderliche heben kann.

Tagebuch vom 25. September 1917

›Ein Landarzt‹ gilt als dunkelste Erzählung eines ohnehin dunklen Autors. Wer noch den ›Bericht an eine Akademie‹ in Erinnerung hat, kann entdecken, daß zwei Wundmale in beiden Geschichten eine Rolle spielen, die sich überdies an der gleichen Stelle finden. Rotpeters Narben entsprechen der blutunterlaufenen Bißspur des animalischen Pferdeknechts auf der Wange des Dienstmädchens und der offenen Wunde des jungen Kranken dort, wo den Affen der »schwer[e], [...] frevelhafte Schuß« getroffen hat.

Zum Leitmotiv der Wunde gehört im ›Landarzt‹ ebenfalls das Wort Rosa. Auf diesen Namen hört die Magd des Doktors, bezeichnenderweise nennt sie der Pferdeknecht zuerst bei ihrem Namen. Übrigens läßt der Text offen, ob sie die Geliebte ihres Arbeitgebers ist, zweifellos aber empfindet er ihre Überwältigung durch den Pferdeknecht als Verlust. Ebenfalls liegt nahe, den vertrackt dienstbaren Geist wie den Kranken als abgespaltene Teile des Landarztes zu sehen. Vom Pferdeknecht, gegen den er die Peitsche hebt, sagt der Ich-Erzähler: »als wisse er von meinen Gedanken, nimmt er meine Drohung nicht übel«. Und die Annahme, daß dieses »Vieh« ihn auf die Reise tiefer ins Ich schickt, hat schon deshalb einiges für sich, weil Arzt und Kranker später unter einer Decke stecken.

»Rosa, in vielen Schattierungen« ist schließlich die Wunde des Jungen, an der er zugrunde gehen wird. Was Wunder, wenn die Sekundärliteratur dieses Mal als Vaginasymbol identifiziert und die Würmer in ihr als Sinnbild des männlichen Geschlechtsorgans. Und inzwischen überrascht nur mäßig, wie selbstverständlich psychoanalytisch geschulte Interpreten aus den Textindizien inzestuöse Wünsche wohlgemerkt des Autors herauslesen, ja mit diesen Wünschen dessen Schuldgefühle begründen.

Nun, hier wäre also mein Besuch zu Ende, man hat mich wieder einmal unnötig bemüht, daran bin ich gewöhnt, mit Hilfe meiner Nachtglocke martert mich der ganze Bezirk, aber daß ich diesmal auch noch Rosa hingeben mußte, dieses schöne Mädchen, das jahrelang, von mir kaum beachtet im meinem Hause lebte – dieses Opfer ist zu groß.

›Ein Landarzt‹

Doch sollte eben nicht wie selbstverständlich vorausgesetzt werden, daß es sich beim ›Landarzt‹ um das schlichte Protokoll eines Traums handelt. Dagegen spricht schon Kafkas sarkastischer Umgang mit den gewagten Entschlüsselungsangeboten der Freudschen Traumdeutung. Genaugenommen zieht der Begriff Traumerzählung zusammen, was kategorial geschieden ist, ein Traum läßt sich nicht erzählen. Wie eine literarische Figur nie als Quasi-Klient eines Analytikers gesehen werden darf (denn ihm fehlt ja die Möglichkeit nachzufragen), kann der Traum nur Gegenstand einer Erzählung sein. Übersetzen, ästhetisch vergegenwärtigen läßt sich seine Atmosphäre, seine Bilderwelt, nie aber sein Verlauf. Selbst ein hochintuitives Schaffen kann seine Art der Verknüpfung nur simulieren. Demnach läßt sich eine Erzählung nicht wie ein Traum deuten, so groß die Versuchung sein mag.

Gegen den Traum sprechen auch die reflektierenden Schlußsätze. Erst spät sah ein Interpret, daß hier auf einen vergleichsweise scharf konturierten Erzähltypus angespielt wird. Der Klageruf des Erzählers, dem »Froste dieses unglückseligsten Zeitalters« (auf ewig?) preisgegeben zu sein, erinnere an das Schicksal der Armen Seelen in den gleichnamigen Sagen. Sie bleiben wegen eines Verbrechens unerlöst. Und vor allen Spekulationen über Schuld und Schuldgefühle des Landarztes sollte dessen Junggesellenstand ins Blickfeld rücken. Besonders der Junggeselle als »alter Mann« ist nach Kafka eine notorisch unglückliche Existenz. Er hat sie nicht nur für sich selbst gefürchtet, sondern auch in seinem Fragment ›Blumfeld, ein älterer Junggeselle‹ (entstanden im Februar 1915) thematisiert.

Indessen spricht eines für den Traum: Er hält gegenwärtig, wie gefährdet die Statik der bürgerlichen Existenz ist. Mit herausfordernder Leichtigkeit bringt er die ruhenden oder ru-

Seitdem ich mich entschlossen habe, das Buch [›Ein Landarzt‹, D. A.] meinem Vater zu widmen, liegt mir viel daran, daß es bald erscheint. Nicht als ob ich dadurch den Vater versöhnen könnte, die Wurzeln dieser Feindschaft sind hier unausreißbar, aber ich hätte doch etwas getan, wäre, wenn schon nicht nach Palästina übersiedelt, doch mit dem Finger auf der Landkarte hingefahren.

An Max Brod, März 1918

higgestellten Kräfte aus dem Gleichgewicht, findet er zwingende Bilder für das vorherrschende Lebensgefühl: »Einmal dem Fehlläuten der Nachtglocke gefolgt – es ist niemals gutzumachen.« So heißt der berühmte letzte Satz der Erzählung.

Ungeduldig erwartete Kafka das immer wieder hinausgezögerte Erscheinen des ›Landarzt‹-Bandes. Seinen Inhalt wie die Abfolge der Texte hatte er bereits in einem Brief an Kurt Wolff vom 20. August 1917 festgelegt (bei der Drucklegung entfiel nur der ursprünglich vorgesehene ›Kübelreiter‹). Ob der Autor bestimmten Kompositionsabsichten folgte, wurde bisher nicht eingehend untersucht. Doch hat Malcolm Pasley darauf aufmerksam gemacht, daß der Text ›Elf Söhne‹ ein Gruppenportrait der hier vereinten Arbeiten gibt. Alle Erzählungen entstanden im Winter und Frühling 1916/17, während eines ungewöhnlich ertragreichen Halbjahrs.

Es ist schon bezeichnend, daß sich in den vielen Selbstzeugnissen des Autors nur einmal der Name Masaryk findet. Zwar verfaßte Kafka einen Aufruf »zur Errichtung und Erhaltung einer Krieger- und Volksnervenheilanstalt in Deutschböhmen«, der im November 1916 die neue Dimension dieses Krieges scharf herausarbeitet. Und sicher wird er vom (politisch naiven) Engagement seines Freundes Max Brod gewußt haben, wenngleich dessen Vorsprache bei Masaryk zu Beginn des Krieges keinerlei greifbare Ergebnisse hatte. Aber die Entwicklung hin zur Tschechoslowakischen Republik, selbst die Rolle seiner »Volksgenossen«, wird kaum je reflektiert, obwohl die neue Staatsmacht auch über seine berufliche Zukunft entschied.

Die harten Zensurmaßnahmen ließen den Zusammenbruch der Donaumonarchie noch jäher erscheinen, als er sich ohnehin vollzog. Der Nationalstaat kam selbst für viele Tschechen

Der Philosophieprofessor **Tomás Garrigue Masaryk** (1850–1937) besaß schon im alten Österreich hohes Renommee als Wissenschaftler; seine Un-

bestechlichkeit ließ ihn auch gegen nationaltschechische Positionen angehen, wenn er sie als falsch erkannt hatte. Als (Partei-)Politiker zunächst wenig erfolgreich, erreichte er jedoch während des Ersten Weltkriegs und aus dem Exil heraus das Placet der Siegermächte zu einem eigenständigen tschecho-

als Sturzgeburt, die Gründung der Republik war
hauptsächlich im Ausland
vorbereitet worden. Daß Kafka von diesen Veränderun-
gen so gut wie nichts wahrnahm, lag auch an seiner
Krankheit. Am 1. September
1917 hatte er die Wohnung
im Schönborn-Palais aufge-
geben, das gleiche wollte er
mit seiner Brotarbeit tun.
Doch Robert Marschner lehnt
eine Pensionierung ab, bewilligt statt dessen einen Erholungsurlaub. Die Ärzte ra-
ten zu einem Landaufenthalt.

43   Kafkas Schwester Ottla, 1916

Am 12. fährt Kafka zu seiner Schwester nach Zürau und bleibt
dort, also fernab von den Brennpunkten des Geschehens, bis
Ende April 1918 (nur gelegentlich kommt er nach Prag).

Die Zeit in Zürau (heute Siřem) ist mit einer ordentlichen
Gewichtszunahme und einer Idealisierung des Landlebens
verbunden. Über die Züraur Bauern notiert er, vielleicht
doch nicht ganz ohne Ironie: »Edelmänner, die sich in die
Landwirtschaft gerettet haben, wo sie ihre Arbeit so weise
und demütig eingerichtet haben, daß sie sich lückenlos ins
Ganze fügt und sie vor jeder Schwankung und Seekrankheit
bewahrt werden bis zu ihrem seligen Ende. Wirkliche Erden-
bürger.« Diese Eintragung ist übrigens für längere Zeit eine
der letzten im Tagebuch. Am 10. November 1917 brechen die
Aufzeichnungen zunächst ab und setzen erst wieder mit dem
27. Juni 1919 ein.

slowakischen Staat, dies nicht zuletzt dank seines weltweiten Anse-
hens. Wie selbstverständlich wurde
Masaryk auch erster Präsident der
neuen tschechoslowakischen Republik, erst 1935 trat er aus Alters-
gründen zurück. Masaryk trug bald
den Ehrentitel »Präsidenten-Befrei-
er«, auch wenn er die Republik ge-

legentlich nicht ohne autokratische
Tendenzen führte. Wesentlichen
Einfluß auf seine Präsidentschaft
nahm eine schlicht »Burg« genannte
Gruppe Intellektueller. Zu ihr ge-
hörte auch der Dichter Karel Čapek.

In den Tagen von Zürau bewährt sich noch einmal die ganz besondere Bruder-Schwester-Beziehung. Seit Mitte Mai verwaltet Ottla dort den Hof des Schwagers Karl Hermann; ein erster Schritt, um beruflich auf eigenen Füßen zu stehen. Einmal mehr hatte sie einen Entschluß gefaßt, der ihrer Umgebung nur bizarr erschien. Eben darum fand sie die bedingungslose Unterstützung ihres Bruders, er allein war früh in ihr Vorhaben eingeweiht. Im Februar 1917 hatte Franz Kafka bei dem Reichenberger Fabrikanten und Naturheiler Moriz Schnitzer angefragt, welche Perspektive er für die landwirtschaftlichen Ambitionen seiner Schwester sehe. Und Kafka stärkte ihr den Rücken, als die Ausbildung auf der Landwirtschaftsschule beim Vater durchgesetzt werden mußte. Wie zu erwarten, sträubte sich Hermann Kafka zunächst heftig gegen die Pläne seiner jüngsten Tochter.

So hatte es fast symbolischen Charakter, daß Kafka beim Wiedereinzug in die elterliche Wohnung ins Zimmer der Schwester einquartiert wurde. Ottla erfuhr auch als erstes Familienmitglied von Kafkas Blutsturz (Brief vom 29. August), sie übernahm es, die Eltern zu informieren. Erst am 22. November erfährt der Vater von Kafkas Krankheit, die Mutter sogar noch einen Monat später.

Gerade vor dem Hintergrund der beiden letzten Kriegsjahre, ihrer politischen, sozialen und vor allem auch kulturellen Instabilität fällt auf, wie der Ruf des Autors an Echo gewinnt. Das läßt sich freilich nicht an den Verkaufszahlen ablesen, doch veröffentlichen mehrere Zeitschriften Texte von ihm, werben um seine Mitarbeit. Als er im ›Juden‹, der von Martin Buber herausgegebenen Monatsschrift, seine Erzählung ›Schakale und Araber‹ gedruckt liest, notiert er: »Immer erst aufatmen von Eitelkeits- und Selbstgefälligkeitsausbrüchen. Die Orgie beim Lesen der Erzählung im Juden.« Außerdem

Ottla trägt mich wirklich förmlich auf ihren Flügeln durch die schwierige Welt, das Zimmer (allerdings nach Nordost gehend) ist ausgezeichnet, luftig, warm und das alles bei fast vollkommener Hausstille; alles, was ich essen soll, steht in Fülle und Güte um mich herum (nur die Lippen krampfen sich dagegen, so geht es mir aber in den ersten Veränderungstagen immer) und die Freiheit, die Freiheit vor allem.

Aus Zürau an Max Brod, Mitte September 1917

44   Schloß Troja (erbaut 1679–1703), Gartenseite. Gleich daneben befand sich
das Pomologische Institut.

bekommt er im Februar bzw. März 1918 Angebote von den
Verlegern Erich Reiß und Paul Cassirer, in ihren Häusern zu
veröffentlichen. Doch bleibt Franz Kafka trotz zeitweiliger
Verärgerungen bei Kurt Wolff.

Als er seinen Dienst bei der Anstalt endlich wieder antritt,
ist er voll guter Vorsätze. Erst einmal schafft Kafka ein Ge-
gengewicht zur Schreibtischarbeit. Im Norden von Prag liegt
Schloß Troja, dessen imposante Barockarchitektur immer
noch einen Ausflug wert ist. Dort liegt das Institut für Pomo-
logie, Wein- und Gartenbau, dem noch heute die einzigen Re-
benhänge der Metropole zu verdanken sind. Es bildete damals
Gärtner aus und gibt Kafka Gelegenheit, sich unter freiem
Himmel körperlich zu betätigen. Überdies intensiviert er sein
Hebräischlernen. Friedrich Thieberger (1888–1958), Sohn eines

Es war kurz nach dem Ersten Weltkrieg, als er mich fragte, ob ich ihn
nicht im Hebräischen unterrichten wolle. Er hatte bereits die ersten Lek-
tionen nach dem Lehrbuch von Rath durchgenommen; mir selbst, der
wohl von Jugend an das alte Hebräisch betrieben hatte, fehlte die Übung
in praktischer Konversation. Kafka widerlegte alle meine Argumente mit
bittendem Lächeln, in dem so viel Hilflosigkeit und Verzeihung für alle
Mängel lag, daß ich schließlich zusagte.

Friedrich Thieberger 1953

Prager Rabbiners, wird auf Kafkas inständiges Bitten hin sein Lehrer und hat später den großen Eifer dieses Schülers bestätigt. Max Brod hält im Tagebuch fest, daß der Freund Hebräisch und Gärtnerei »Positiva seines Lebens« nennt. Bleibt nachzutragen, daß Vater Kafka Anfang Juli 1918 sein Galanteriewarengeschäft einem Verwandten übergibt und im gleichen Monat ebenfalls die ›Prager Asbestwerke Hermann & Co.‹ aus dem Handelsregister gelöscht werden.

Doch eine Erkrankung läßt alle Vorsätze hinfällig werden. Vom 14. Oktober bis zum 18. November 1918 kämpft er mit der Spanischen Grippe, wenige Tage nach Dienstantritt hat er einen Rückfall und muß wiederum eine Woche das Bett hüten. Immerhin fällt Kafka dieser Virusinfektion nicht zum Opfer wie 20 Millionen Menschen im kriegsgeschwächten Europa. Aber auch er liegt auf Leben und Tod darnieder; oft ist vermutet worden, daß die Pandemie seiner Tuberkulose den nötigen Spielraum verschaffte. Gleich im Anschluß fährt Kafka zur Erholung nach Schelesen (Železná), und erst am 22. Dezember ist er wieder in Prag.

Als Österreicher erkrankte Kafka, als Tschechoslowake fand er sich vorläufig wiederhergestellt: Am 28. Oktober 1918 war die Tschechoslowakische Republik ausgerufen worden. Es gibt, wie gesagt, kaum Belege dafür, daß sich Kafka mit der Bedeutung dieser Zeitenwende auseinandersetzte. Bis Ende März 1919 dauert sein Kuraufenthalt, nach Prag, das selbstverständlich die Hauptstadt des neuen Staates wird, kam er nur über die Jahreswende 1918/19. Dabei hätte Kafka gerade als deutscher »Volksgenosse« allen Grund gehabt, die weitere Entwicklung aufmerksam zu verfolgen. In der Tschechoslowakei waren die Deutschen eine Minderheit, die selbst von Masaryk keineswegs mit offenen Armen empfangen wurde. Und sein alter Arbeitgeber erhielt nicht nur einen neuen tsche-

> Mein Großvater pflegte zu sagen: Das Leben ist erstaunlich kurz. Jetzt in der Erinnerung drängt es sich mir so zusammen, daß ich zum Beispiel kaum begreife, wie ein junger Mensch sich entschließen kann ins nächste Dorf zu reiten, ohne zu fürchten, daß – von unglücklichen Zufällen ganz abgesehen – schon die Zeit des gewöhnlichen, glücklich ablaufenden Lebens für einen solchen Ritt bei weitem nicht hinreicht.
>
> *›Das nächste Dorf‹, entstanden nach 1918*

chischen Namen, sondern Kafkas deutsche Vorgesetzte Eugen Pfohl und Robert Marschner verloren auch ihre Stellung.

In Schelesen hatte er Julie Wohryzek (1891–1944) kennengelernt, die Tochter eines Prager Tempeldieners. Die Beziehung intensiviert sich nach seiner Rückkehr; Franz Kafka verlobt sich erneut (Mitte September 1919). Angeblich wegen einer entgangenen Wohnung findet die

geplante Heirat nicht statt. Für Dramatik sorgt der Vater, der gegen diese Verbindung energisch Einspruch erhebt. Nun läßt selbst Max Brod im Tagebuch durchblicken, daß die Abwehr des Vaters nicht ganz unbegründet war. Doch natürlich begehrt der Sohn mit gebotener Erbitterung gegen die altvorderen Machtworte auf. Diesmal entsteht daraus ein grandioses Stück Literatur, eben der ›Brief an den Vater‹. Aber für Julie Wohryzek hat Franz Kafka die rechte Passion wohl doch gefehlt. Obwohl er die Beziehung auch ohne Trauschein weiterführen will, verläuft sie jedenfalls für Kafkas Verhältnisse wenig erschütternd – wenngleich nicht so sachte, wie er zuletzt hoffte – und schließlich im Sande.

Vielleicht mit Ausnahme der sogenannten Er-Aphorismen ist der ›Brief an den Vater‹ Kafkas einzig relevanter Text, welcher zwischen Ende 1917 und August 1920 entsteht. Sonst bestimmen die immer neuen bzw. verlängerten Erholungsurlaube, also letztlich die Großzügigkeit der »Anstalt«, sein Leben.

45 Pension Stüdl in Schelesen bei Liboch. Der Balkon gehört zu dem Zimmer, das Kafka bewohnte. Hier schrieb er 1919 den ›Brief an den Vater‹.

Atempause: Milena Jesenská und Matliary

Im Februar oder März 1920 erhält Franz Kafka Post aus Wien. Die gebürtige Pragerin Milena Jesenská, verheiratete Pollak, bittet um die Erlaubnis, den ›Heizer‹ ins Tschechische zu übersetzen. Aus diesem Kontakt entwickelt sich eine intensive Beziehung – und seit April ein Briefwechsel, von dem Kafkas Anteil größtenteils erhalten blieb.

Milena versuchte damals, ihr schwer erkämpftes Unglück zu bewältigen. Die junge Frau entstammte einer alten tschechischen Familie; ihr berühmtester Vorfahr Johann Jessenius, Arzt und zeitweiliger Rektor der Prager Universität, starb 1621 auf dem Blutgerüst für die »böhmische Freiheit«. Milenas Vater Jan war ein namhafter Professor für Kieferorthopädie und tschechischer Patriot (womöglich Chauvinist), vor allem aber ein Tyrann. Der Verbindung seiner Tochter mit dem stadtbekannten – und überdies deutsch-jüdischen – Hallodri Ernst Pollak hatte er sich mit allen Mitteln widersetzt. Er ließ Milena sogar in ein Nervensanatorium einweisen, das manche Biographen schlicht Irrenanstalt nennen.

Jan Jesenský wollte den Eigensinn seines einzigen Kindes brechen, aber bei der willensstarken Frau erreichte die gewalttätige Fürsorge das Gegenteil. Mit der Volljährigkeit Milenas im August 1917 sind seine Möglichkeiten erschöpft. Gleich nach der Heirat zieht das Paar nach Wien – und ist eventuellen Zugriffen des Vaters auch räumlich entzogen. In der Metropole des klein gewordenen Österreich gefällt sich der Gemahl weiterhin als Kaffeehausexistenz, und dank seiner zahlreichen Affären bringt er es auch hier zu einer gewissen Be-

Milena Jesenská (1896–1944) hatte seit 1919 für tschechische Publikationen zu schreiben begonnen. Ihre auch heute noch lesenwerten Feuilletons fanden Kafkas aufrichtige Bewunderung. Später war sie mit dem bekannten Prager Avantgarde-Architekten Jaromír Krejcar verheiratet. Gegen die deutsche Besatzung leistete sie nicht nur als Autorin Widerstand. Erstmals wurde sie 1939 verhaftet, Ende Oktober 1940 brachte man sie in das Frauenkonzentrationslager Ravensbrück. Dort starb sie am 17. Mai 1944.

rühmtheit. Seine Frau, die anfangs kaum deutsch spricht, soll für sich selbst sorgen. Wegen einiger Diebereien kommt sie mit dem Gesetz in Konflikt. Dann treibt die Not Milena zur journalistischen Arbeit – und zur Anfrage bei Kafka wegen der Übersetzung des ›Heizers‹.

Der Briefwechsel zwischen Autor und Übersetzerin beginnt im April 1920, im gleichen Monat erscheint in der Zeitschrift ›Kmen‹ (Der Stamm) die Übersetzung des ›Heizers‹. Damals kurt Kafka in Meran, bis zum 28. Juni wird er dort bleiben. Wieder baut er seine Leidenschaft als Autor auf. Seit dem Schreiben vom 12. Juni redet er die Adressatin mit Du an. Als er nach Prag zurückreist, treffen sich beide ein paar Tage in Wien. Diese Zusammenkunft beglaubigt die Liebesbeziehung, von nun an öffnet er sich Milena immer rückhaltloser.

Der Briefeschreiber Kafka. Auch hier zeigt er sich auf der Höhe seiner schriftstellerischen Möglichkeiten. Er will Milena an seiner Existenz teilhaben lassen, drängt sich in seiner Offenheit derart dicht heran, als solle für eine Distanzierung oder gar Abwehr auf seiten der Empfängerin kein Raum mehr bleiben. Der Vergleich mit seinen Briefen an Felice Bauer liegt nahe. Er macht deutlich, daß sich der Absender bei aller Intensität der Darstellung keinen quälenden Zerreißproben aussetzen muß, daß er selbst in Momenten höchster Verzweiflung doch seine Freiheit findet. Kafka steht unter keinem Erklärungszwang, wenigstens unter keinem Zwang, immer nach Entschuldigungen suchen zu müssen. Felice Bauer begriff er als Teil des Zwangssystems, Milena steht außerhalb.

In den vier Tagen, in denen Franz neben mir war, hat er sie [seine Angst, D. A.] verloren. Wir haben über sie gelacht. Ich weiß gewiß, daß es keinem Sanatorium gelingen wird, ihn zu heilen. Er wird nie gesund werden, Max, solange er diese Angst haben wird. Und keine psychische Stärkung kann diese Angst überwinden, denn die Angst verhindert die Stärkung. Diese Angst bezieht sich nicht nur auf mich, sondern auf alles, was schamlos lebt, auch beispielsweise auf das Fleisch. Das Fleisch ist zu enthüllt, er erträgt nicht, es zu sehen. Das also habe ich damals zu beseitigen vermocht. [...] Es war nicht die geringste Anstrengung nötig, alles war einfach und klar, ich habe ihn hinter die Hügel über Wien geschleppt, ich bin vorausgelaufen, da er langsam gegangen ist, er ist hinter mir hergestapft, und wenn ich die Augen schließe, sehe ich noch sein weißes Hemd und den abgebrannten Hals und wie er sich anstrengt.
Milena Jesenská an Max Brod, Januar/Februar 1921.
Max Brod übersetzte den Brief ins Deutsche.

Gewiß hat Kafka auch das Briefeschreiben als nur mittelbare Kommunikation gesehen und ihm heftig mißtraut (»Wie kam man nur auf den Gedanken, daß Menschen durch Briefe mit einander verkehren können?«). Doch zeigt eine Episode aus dem Juli 1920, wieviel er sich von einem Brief verspricht: In seiner Beziehung zu Julie Wohryzek setzt er auf die Intervention Milenas. Er selbst hatte die Trennung offenbar nicht durchfechten können, »trotzdem alles doch so klar ist und von mir auch so gesagt wurde«. Das »Mädchen« will an Milena schreiben, offenbar sieht Julie wegen des komplizierten Verhältnisses zwischen ihrem Verlobten und seiner Brief-Partnerin noch Spielraum für ihre Beziehung. Kafka läßt diese Epistel zu. »Meine Hoffnung auf eine baldige vollständige glückliche Lösung ruht ja auf dem Brief und der Wirkung Deiner Antwort« (6. Juli 1920)

Bald zeichnet sich ab, daß Milena für ihre Verbindung oder gar Ehe mit Franz Kafka keine Perspektive sieht. Kafka sucht dennoch nach Lösungen, unterhält Kontakte zu Milenas Prager Freundinnen, spricht mit einem Scheidungsanwalt. Allerdings weiß auch er schon im September oder Oktober 1920, »daß wir niemals zusammenleben werden und können«. Doch der Entschluß, einander nicht mehr zu schreiben, wird zunächst keineswegs umgesetzt. Erst mit dem Antritt seiner Kur in Matliary Ende 1920 endet der intensive Briefwechsel; über ein Jahr später kommt es dann wieder zu gelegentlicher Korrespondenz.

Die Kur war um so nötiger geworden, als der lange Meran-Aufenthalt keine Besserung gebracht hatte. Knapp sechs Monate versieht Kafka in Prag seinen Dienst; in diese Zeit fällt die Heirat Ottlas mit dem Tschechen Josef David (15. Juli 1920). Auch der promovierte Jurist David ist ein Mann von »gesunden« antisemitischen »Instinkten«, zeigt sich dann allerdings

Den gelben Brief habe ich noch nicht bekommen, ich werden ihn ungeöffnet zurückschicken.
Sollte es nicht gut sein, daß wir einander zu schreiben jetzt aufhören, müßte ich mich entsetzlich irren. Ich irre mich aber nicht, Milena.
Ich will nicht von Dir reden, nicht weil es nicht meine Sache wäre, es ist meine Sache, nur reden will ich nicht davon.

An Milena Jesenská, November 1920

auf Drängen von Kafka Lieblingsschwester bereit, nicht
nur sie von seinem generel-
len Widerwillen auszuneh-
men. Im November 1920
wird Kafka Zeuge der juden-
feindlichen Ausschreitungen
vom November des Jahres.
Vordergründig kühlen die
tschechischen Chauvinisten
ihr Mütchen an »den Deut-
schen«, doch zielen die
Schmährufe deutlich auf den
etablierten Sündenbock. Vor
allem die jüdischen Ge-
schäftsleute sitzen – wieder
einmal – zwischen den Stüh-
len der Nationalitäten. Die

46 Milena Jesenská (1896–1944), Paß-
bild mit Unterschrift

wirtschaftlich schwierige Situation nach der Republikgrün-
dung provoziert auch andere soziale Unruhen. Nutznießer
sind – jedenfalls in der Metropole – die Kommunisten, sie ru-
fen am 10. Dezember sogar zum Generalstreik auf.

Kafka bleibt von den Auseinandersetzungen nicht un-
berührt. Am 18. Dezember jedoch nimmt ihn das Sanatorium
im slowakischen Matliary auf; sein Zauberberg liegt diesmal
in der Hohen Tatra, dem alpinen Teil der Karpaten. Nun aber
wird es allmählich ernst. Den gesundheitlichen Fortschritten
und Gewichtszunahmen stehen immer wieder Rückfälle gegenüber, noch kurz vor seiner Rückkehr nach Prag muß er
mit hohem Fieber das Bett hüten. Zunächst für drei Monate
geplant, verlängert sich der Aufenthalt zweimal, erst Ende
August 1921 ist Kafka wieder zuhause. In Matliary hat er den

Die Juden, d. h. vielleicht ein gewisser Teil und vielleicht der größere, tun
gewiß auch jetzt, was sie nicht tun sollten, aber bestimmt kann man so
nicht von allen sprechen, und das weißt Du sicher auch. Ich möchte aber
nicht, daß Du nur mich ausnimmst, damit könnte ich nicht zufrieden
sein.

Ottla an ihren späteren Ehemann Josef David, 14. Oktober 1918

47   Hauptgebäude des Lungenheilsanatoriums in Matliary

Medizinstudenten Robert Klopstock kennengelernt, der sich gleich diesem Prager Patienten anschließt und ihm bis zu dessen Tod nahestehen wird. Doch zunächst einmal versucht Kafka, den recht schwierigen Ungarn sowohl in dessen literarischen Ambitionen als auch in seinem Werdegang als Arzt zu unterstützen. Er autorisiert Klopstock als Übersetzer der eigenen Werke; allerdings mißlingt der Versuch, ihm einen Studienplatz in Prag zu verschaffen.

Während der Zeit in Matliary kommt er kaum, vielleicht gar nicht zum Schreiben, nur aus den Monaten davor sind etliche Stücke überliefert. Am 26. August hatte er Milena geschrieben: »Ich habe seit ein paar Tagen mein ›Kriegsdienst‹- oder richtiger ›Manöver‹leben aufgenommen, wie ich es vor

Die ganzen Nachmittage bin ich jetzt auf den Gassen und bade im Judenhaß. »Prašivé plemeno« [Räudige Rasse, D. A.] habe ich jetzt einmal die Juden nennen hören. Ist es nicht das Selbstverständliche, daß man von dort weggeht, wo man so gehaßt wird (Zionismus oder Volksgefühl ist dafür gar nicht nötig)? Das Heldentum, das darin besteht, doch zu bleiben, ist jenes der Schaben, die auch nicht aus dem Badezimmer auszurotten sind. Gerade habe ich aus dem Fenster geschaut: berittene Polizei, zum Bajonettangriff bereite Gendarmerie, schreiende auseinanderlaufende Menge und hier oben [...] die widerliche Schande, immerfort unter Schutz zu leben.

An Milena Jesenská, Mitte November 1920

Jahren als für mich zeitweilig bestes entdeckt habe. Nachmittag solange als es geht im Bett schlafen, dann zwei Stunden herumgehn, dann wachbleiben solange es geht.« Da er mit diesen Arbeitsbedingungen vertraut ist, kann er Milena auch mitteilen, er »brauche ein halbes solches Jahr, um mir erst ›die Zunge zu lösen‹«. Tatsächlich kommen die meisten Texte übers Fragmentarische nicht hinaus. Und länger als ein halbes Jahr hat diese produktive Phase überhaupt nicht gedauert. Immerhin: Nach fast drei Jahren Pause geht der Dichter Franz Kafka wieder an die Arbeit.

Dem (obgleich unterbrochenen) Anlauf zu konzentrierter Tätigkeit verdanken sich Fingerübungen, die zu Lebzeiten zwar nirgends publiziert wurden, aber viel über die Schubkräfte seiner Produktivität verraten. Die literarischen Formen Sage und Parabel etwa sind für Kafka seit längerem besondere Herausforderungen gewesen. ›Poseidon‹ zeigt den Gott am Schreibtisch, von dem aus er unwillig das Management der Meere betreibt. Während andere von seiner vitalen Lust am nassen Element faseln, seinem souveränen Regiment über die Ozeane, fesseln ihn unendliche Zahlenkolonnen. Poseidons einzige, aber nichtsdestoweniger schwache Hoffnung ist der Weltuntergang, denn »dann werde sich wohl noch ein stiller Augenblick ergeben, wo er, knapp vor dem Ende nach Durchsicht der letzten Rechnung, noch schnell« sein Reich erkunden kann.

Der Text ›Das Stadtwappen‹ wirft ein neues Licht auf die Zwistigkeiten beim »babylonischen Turmbau«. Wegen immer genauerer Erkenntnis seiner Aussichtslosigkeit tritt das himmelstürmende Unternehmen bald in den Hintergrund, statt dessen will sich die Arbeiterschaft auf Erden möglichst häus-

Poseidon saß an seinem Arbeitstisch und rechnete. Die Verwaltung aller Gewässer gab ihm unendliche Arbeit. Er hätte Hilfskräfte haben können wie viel er wollte und er hatte auch sehr viele, aber da er sein Amt sehr ernst nahm, rechnete er alles noch einmal durch und so halfen ihm die Hilfskräfte wenig. Man kann nicht sagen daß ihn die Arbeit freute, er führte sie eigentlich nur aus weil sie ihm auferlegt war, ja er hatte sich schon oft um fröhlichere Arbeit, wie er sich ausdrückte beworben, aber immer wenn man ihm dann verschiedene Vorschläge machte, zeigte es sich, daß ihm doch nichts so zusagte, wie sein bisheriges Amt.

›Poseidon‹

48 In Matliary, 1921. Links außen liegt der Schriftsteller Robert Klopstock, mit
dem Kafka sich angefreundet hat.

lich einrichten. Doch das verbissene Werkeln an den irdischen Unterkünften fördert nur eines, nämlich die »Sehnsucht nach einem prophezeiten Tag, an welchem die Stadt von einer Riesenfaust […] zerschmettert werden wird. Deshalb hat auch die Stadt die Faust im Stadtwappen.«

Für den einen der zwei bekanntesten Texte aus dieser Phase hat Kafka den Titel selbst gewählt: ›Zur Frage der Gesetze‹. Er setzt seinen Gegenstand einmal mehr als unbekannt voraus. Diesmal heißt es gleich zu Beginn: »Unsere Gesetze […] sind Geheimnis der kleinen Adelsgruppe, welche uns beherrscht.« Ein Satz, an dem es nichts zu deuten gibt. Die hier festgestellte Verschränkung von Adel und Gesetzen überspitzt ein vertrautes Herrschaftsmodell, fast erübrigt sich hinzuzufügen, daß »der Adel außerhalb des Gesetzes [steht]«.

Die Gesetze sind ja so alt, Jahrhunderte haben an ihrer Auslegung gearbeitet, auch diese Auslegung ist wohl schon Gesetz geworden, die möglichen Freiheiten bei der Auslegung bestehen zwar immer noch, sind aber sehr eingeschränkt.

›Zur Frage der Gesetze‹

Nach einer griffigen Formulierung Ernst Blochs hat die Justiz ohnehin nur ein Auge, und auch das sitze noch im Gesicht der herrschenden Klasse.

Bleiben die Gesetze jedenfalls für »das Volk« von vornherein (und wie bei Kafka gewohnt) im Dunkeln, so wird während der kurzen Erörterung immer unklarer, wen eigentlich die »kleine Adelsgruppe« meint. Eingangs steht das scheinbar außer Zweifel, zumal der Erzähler nicht die auktoriale Warte einnimmt, sondern sich selbst unter die Beherrschten zählt. Dafür aber referiert er die verschiedenen Positionen im »Volk« erstaunlich nüchtern. Nach klassenkämpferischer Polemik klingt der Satz: »Was der Adel tut, ist Gesetz«. Nur denkt auch, wer sich hinter diesem anklägerischen Spruchband schart, nicht an eine Abschaffung des Adels. Ohnehin hält die Mehrheit an der Auffassung fest, daß die Gesetze wirklich – und das heißt unabhängig vom Adel – existieren, aber noch nicht genug zu ihrer Erkenntnis unternommen worden sei. Diese Mehrheit hat die – freilich vage – Hoffnung, daß eines Tages »das Gesetz dem Volk gehört und der Adel verschwindet.« Die Alternative zu dieser quasi evolutionären Volksherrschaft wäre eben die revolutionäre, mit dem Adel auch die Gesetze zu verwerfen. In seiner Hilflosigkeit zitiert der Erzähler einen Schriftsteller: »Das einzige sichtbare zweifellose Gesetz, das uns auferlegt ist, ist der Adel, und um dieses einzige Gesetz sollten wir uns bringen wollen?«

Vor allem dieser Schlußsatz legt nahe, daß mit der »kleinen Adelsgruppe« doch etwas anderes gemeint sein könnte als platterdings der privilegierte Stand. Zumindest fordert dieser Adel als »das einzige sichtbare zweifellose Gesetz« zum Gedankenspiel heraus, ob der Autor den Adel des Menschen meint. Diese Interpretation setzt Adel nicht ohne weiteres mit innerer Würde gleich, wohl aber mit der spezifischen Exi-

»Ach«, sagte die Maus, »die Welt wird enger mit jedem Tag. Zuerst war sie so breit, daß ich Angst hatte, ich lief weiter und war glücklich daß ich endlich rechts und links in der Ferne Mauern sah, aber diese langen Mauern eilen so schnell aufeinander zu daß ich schon im letzten Zimmer bin und dort im Winkel steht die Falle, in die ich laufe.« »Du mußt nur die Laufrichtung ändern«, sagte die Katze und fraß sie.

›Kleine Fabel‹

stenzform des Menschen. Es lockt ihn immer wieder, es lockt ihn sehr, sich in der und an die Empirie zu verlieren, so »neben dem Glauben an die Gesetze auch den Adel [zu] verwerfen«. Aber: »eine solche Partei kann nicht entstehen, weil den Adel niemand zu verwerfen wagt.« Wie selbstverständlich fährt der Erzähler fort: »Auf dieses Messers Schneide leben wir«. Nur das Geltenlassen des Adels erzwingt die Auseinandersetzung mit der menschlichen Lebensweise, die zwischen Immanenz und Transzendenz – und insofern auf eines Messers Schneide – steht.

Von dieser Schneide handelt auch die ›Kleine Fabel‹. Die Angst der Maus vor dem unendlichen Raum führt in eine Sackgasse. Dem Hinweis ihres Jägers »Du mußt nur die Laufrichtung ändern« folgt das augenblickliche Gefressenwerden. Immerhin: Falle oder Katze, das ist keineswegs Jacke wie Hose. Dazwischen liegt die Erkenntnis: »Die Welt wird enger mit jedem Tag«. Die Maus läuft demnach nicht mehr besinnungslos auf die Falle zu. Sie kann – nichts einfacher als das, meint die Katze – die »Laufrichtung ändern«. Dem Tod allerdings entgeht sie nicht. Mit dem Bewußtsein der Sterblichkeit gerät das Leben auf des Messers Schneide. Die Herausforderung liegt darin, es vom Ende her zu denken, das bedeutet die Umkehr der Laufrichtung.

Solche Überlegungen haben keinen Einfluß auf den trostlosen Gemüts- und schon gar nicht den Gesundheitszustand des Autors. Der lange Aufenthalt in Matliary hat wenig geholfen. Aus dem Herbst oder Winter des Jahres 1921 stammt der vielzitierte Testamentszettel an Max Brod, dessen Bitte an Deutlichkeit nichts zu wünschen übrig läßt: »alles was sich in meinem Nachlaß […] an Tagebüchern, Manuscripten, Briefen, fremden und eigenen, Gezeichnetem u.s.w. findet restlos und ungelesen zu verbrennen.«

Noch einmal ein Roman: ›Das Schloß‹

V om Beginn des Jahres 1922 sind Kontakte jüngerer
Deutschprager Autoren zu Kafka belegt. Als Herausgeber sendet ihm Johannes Urzidil ein Buch mit Werken seines
früh (an Tuberkulose) verstorbenen Prager Dichter-Freundes
Karl Brand. Melchior Vischer, der auf dem Prager Außenpo-
sten die Fahne des Dadaismus hochgehalten hatte, schickt aus
Hellerau sein Werk ›Der Teemeister‹. Und der fünf Jahre ältere Rainer Maria Rilke, auch er ein gebürtiger, wenngleich ab-
trünniger Prager, bedankt sich beim Verleger Kurt Wolff für
die Zusendung von Kafkas ›Ein Landarzt. Kleine Erzählungen‹. »Das Buch Kafka's hab ich mir schon jetzt, gestern
Abend, mitten in anderen Beschäftigungen, vorweggenom-
men. Ich habe nie eine Zeile von diesem Autor gelesen, die
mir nicht auf das Eigenthümlichste mich angehend oder er-
staunend gewesen wäre. […] merken Sie mich, bitte, immer
ganz besonders für alles vor, was von Franz Kafka bei Ihnen
an den Tag kommt. Ich bin, darf ich versichern, nicht sein
schlechtester Leser.«

Kurt Wolff hätte der Bitte Rilkes gerne entsprochen, aber es
gab nichts zu veröffentlichen. Noch am 26. Januar 1922 unter-
richtet er Hans Mardersteig: »Von Kafka […] ist – wie mir
Max Brod schreibt – trotz aller Bemühungen nichts zu bekommen. Seit Jahr und Tag gibt er überhaupt kein Manuskript-
blatt aus den Händen und lehne auch vorläufig für alle Zukunft ab, etwas drucken zu lassen.« Was Wolff nicht weiß:
Zur gleichen Zeit nimmt sein – publikationsscheuer – Autor
eine seiner ambitioniertesten Arbeiten in Angriff.

Wenn er gelegentlich auf einem Zeitungsblatt seinem Namen begegnete,
dann lächelte er listig, weil es ihm gelungen war, unbeachtet das Leben
eines einfachen Mannes mit regelmäßigen Gewohnheiten zu führen.
Johannes Urzidil (1896–1970) in der Erzählung ›Kafkas Flucht‹, die den Helden
als rüstigen Gärtner-Rentner in New York präsentiert

49 Schloß Friedland in Böhmen, Stahlstich, um 1850. 1911 hielt sich Kafka aus
beruflichen Gründen einige Zeit in Friedland auf. So kam dieses Schloß dazu,
als eines der Vorbilder für den gleichnamigen Roman zu gelten.

Während seiner Auszeit im Riesengebirge beginnt Kafka
mit dem ›Schloß‹, und offenbar hat er den Plan zu diesem Roman schon in Prag gefaßt. Vermutlich setzt eine besonders
tiefgreifende Krise seine Kreativität frei. Gleich im Januar des
Jahres hat sich die Situation noch einmal zugespitzt: Zum 16. Januar notiert Kafka im Tagebuch: »Es war in der letzten Woche wie ein Zusammenbruch, so vollständig wie nur etwa in
der einen Nacht vor 2 Jahren, ein anderes Beispiel habe ich
nicht erlebt. Alles schien zuende und scheint auch heute
durchaus noch nicht ganz anders zu sein.« Als sein Marter-
instrument erkennt er die »Selbstbeobachtung«, die niemals

Wenn im Laufe der Zeit Sie neben Sammlungen kurzer Prosastücke uns
einmal eine große zusammenhängende Erzählung oder einen Roman
übergeben könnten, [...] so würden wir das mit besonderer Dankbarkeit
begrüßen. Es kommt hinzu, daß naturgemäß die Aufnahmewilligkeit für
eine zusammenhängende umfangreiche Prosaarbeit größer ist als für
Sammlungen kürzerer Prosastücke. Das ist eine banale und sinnlose Einstellung der Leser; aber sie ist nun einmal Tatsache. Die Resonanz, die eine solche größere Prosaarbeit finden wird, ermöglicht jedenfalls eine ungleich stärkere Verbreitung als wir sie bisher erzielten und der Erfolg
eines solchen Buches würde zugleich die Möglichkeit zu einer lebhafte-
ren Propagierung der früher erschienenen bedeuten.
Kurt Wolff an Franz Kafka, 3. November 1921

die mindeste Sicherheit, ein wenig »zur Ruhe kommen« erlaubt. Und: »Dieses Jagen nimmt die Richtung aus der Menschheit.« Möglicherweise ist es »›Ansturm gegen die letzte irdische Grenze‹ undzwar Ansturm von unten, von den Menschen her«. Damit ist Kafka wieder bei seinem Schaffen: »Diese ganze Litteratur ist Ansturm gegen die Grenze.« Wenig später fügt er hinzu: »[...] und sie hätte sich, wenn nicht der Zionismus dazwischengekommen wäre, leicht zu einer neuen Geheimlehre, einer Kabbala entwickeln können.«

Dem Zusammenbruch folgt keine Kur, wohl aber schließen sich drei Wochen Ferien im winterlichen Riesengebirge an. Ende Januar fährt er mit seinem Arzt Dr. Otto Hermann für drei Wochen nach Spindelmühle (heute Spindlerův Mlýn). Nach eigenem Zeugnis trifft es Kafka dort gut an, der tief verschneite Ort läßt ihn sogar ans Skifahren denken. Die »Anstalt« hat wieder einmal großzügig den Genesungsurlaub verlängert, und während des Aufenthalts im Riesengebirge ernennt sie ihn zum Obersekretär, setzt allerdings die damit verbundene Gehaltserhöhung bis zu seinem Dienstantritt aus. Doch die Beförderung steht in keinem realistischen Verhältnis zu Kafkas Arbeitsfähigkeit. Ende April stellt der Anstaltsarzt fest: »In absehbarer Zeit ist nicht zu erwarten, daß der Gesundheitszustand sich so weit bessert, daß Herr Dr. Kafka den Dienst in der Anstalt wieder antreten kann.« Im Juni leitet der Arbeitgeber seine Pensionierung in die Wege. Ab 1. Juli kann Kafka sein, was er immer ersehnt hat: eine freier Schriftsteller. Es ist kein gutes Entree in diesen teuer erkauften Status, daß er schon im August des gleichen Jahres das ehrgeizige Schloß-Projekt endgültig aufgibt. Doch wenigstens hat er sich mit dem Manuskript nicht lange herumgeschlagen ...

Spindelmühle. Notwendigkeit der Unabhängigkeit von dem mit Ungeschick gemischten Unglück des doppelten Schlittens, des zerbrochenen Koffers, des wackelnden Tisches, des schlechten Lichtes, [...] udgl. Das ist nicht zu erreichen indem man es vernachlässigt, denn es kann nicht vernachlässigt werden, das ist nur zu erreichen durch Heranführung neuer Kräfte. Hier allerdings gibt es Überraschungen, das muß der trostloseste Mensch zugeben, es kann erfahrungsgemäß aus dem Nichts etwas kommen, aus dem verfallenen Schweinestall der Kutscher mit den Pferden kriechen.

Tagebuch vom 27. Januar 1922 mit einer Anspielung
an die Erzählung ›Ein Landarzt‹

Am Anfang steht ein ganz gewöhnlicher Arbeitsantritt, genauer ein beabsichtigter Arbeitsantritt. Eines Wintertags trifft der Landvermesser K. (ohne Vorname) im Dorf unterhalb des Adelssitzes ein. Obwohl er keineswegs ungerufen kommt, bestätigt die Schloßverwaltung – der Schloßherr Graf Westwest tritt nie in Erscheinung – nur widerwillig und herablassend sein Engagement. Außerdem wird ihm der direkte Zugang zu seinen Auftraggebern verwehrt, die Unterhandlungen ziehen sich hin, und es zeichnet sich nicht einmal die Möglichkeit ab, seine Arbeit aufnehmen zu können. Dann erfährt er vom überdies subalternen Gemeindevorsteher – freilich erst im fünften Kapitel – »›die volle unangenehme Wahrheit‹«: »›wir brauchen keinen Landvermesser.‹«

Was nun geschieht, ist nicht ohne weiteres nachvollziehbar. K. besteht trotz allem auf einer Beschäftigung. Er nennt Gründe für seinen Entschluß, aber die scheinen kaum triftig genug. Unbeirrt verfolgt er sein Ziel einer schloßabhängigen Existenz, selbst die größten Demütigungen können ihn nicht davon abbringen. Der anfangs so stolze, ja hochfahrende und selbstsichere Mann verliert allen Stolz und alle Selbstsicherheit. Noch lange läßt Kafka diesen Landvermesser viel bestimmter auftreten als die Hauptfigur im ›Proceß‹. Doch wie Josef K. – Josef heißt nach Auskunft des Landvermessers einer seiner ursprünglichen Gehilfen – macht auch ihn der Verlauf seines Aufnahmeverfahrens mürbe. Aber er hält mit unglaublicher Zähigkeit an seinem Vorhaben fest, im Dorf und damit unter Obhut der Schloßverwaltung bleiben zu wollen.

Diese Erlaubnis erhält er laut Max Brod erst mit seinem Tod, einem Tod aus Entkräftung. Ein Schlußkapitel hat Kafka nie geschrieben, aber er hat diesen Schluß auf die Frage des Freundes hin skizziert. Brod gibt Kafkas Antwort im Nachwort zur ersten Ausgabe des Schloß-Romans (1926) wieder.

Es war spät abend als K. ankam. Das Dorf lag in tiefem Schnee. Vom Schloßberg war nichts zu sehn, Nebel und Finsternis umgaben ihn, auch nicht der schwächste Lichtschein deutete das große Schloß an. Lange stand K. auf der Holzbrücke die von der Landstraße zum Dorf führt und blickte in die scheinbare Leere empor.

Beginn des ›Schloß‹-Romans

»Um sein Sterbebett versam-
melt sich die Gemeinde, und
vom Schloß langt eben die
Entscheidung herab, daß zwar
ein Rechtsanspruch K.s, im
Dorfe zu wohnen, nicht bestand – daß man ihm aber
doch mit Rücksicht auf gewisse Nebenumstände ge-
statte, hier zu leben und zu
arbeiten.«

Ob es bei diesem Schluß
geblieben wäre, sei dahingestellt. Jedenfalls hätte er wohl
ein ziemliches Volumen er-
zwungen, denn die geschriebenen gut 300 Seiten reichen
nicht einmal bis ans Ende

50 ›Das Schloß‹, 1968 (Regie: Rudolf
Noelte), Szene mit Maximilian Schell

des Winters. Andererseits kennt das ›Schloß‹ keine andere als
eben diese Jahreszeit. Mit den Worten einer Romanfigur: »Der
Winter ist bei uns lang, ein sehr langer Winter und einförmig.
[…] in der Erinnerung, jetzt, scheint Frühjahr und Sommer so
kurz, als wären es nicht viel mehr als zwei Tage, und selbst
an diesen Tagen, auch durch den allerschönsten Tag fällt
dann noch manchmal Schnee.«

Die jahreszeitlich bedingte Witterung erschwert schon die
Orientierung im Gelände. Schneefall und Nebel lassen die
Konturen verschwimmen, die zeitig einbrechende Nacht tut
das ihre. Sie entspricht der verbreiteten Dunkelheit, um nicht
zu sagen Finsternis in den Häusern und Hütten. Selbst die
Bilder geben kaum das Dargestellte preis, sind entweder »ein

Aber wie ist es mit dem Schriftstellersein selbst? Das Schreiben ist ein
süßer wunderbarer Lohn, aber wofür? In der Nacht war es mir mit der
Deutlichkeit kindlichen Anschauungsunterrichtes klar, daß es der Lohn
für Teufelsdienst ist. Dieses Hinabgehen zu den dunklen Mächten, diese
Entfesselung von Natur aus gebundener Geister, fragwürdige Umarmun-
gen und was alles noch unten vor sich gehen mag, von dem man oben
nichts mehr weiß, wenn man im Sonnenlicht Geschichten schreibt. Vielleicht gibt es auch anderes Schreiben, ich kenne nur dieses; in der Nacht,
wenn mich die Angst nicht schlafen läßt, kenne ich nur dieses.
An Max Brod, 5. Juli 1922 (während seiner Arbeit am ›Schloß‹)

dunkles Porträt in einem dunklen Rahmen« oder »vom Alter ausgebleicht, vielfach gebrochen, zerdrückt und fleckig.« Noch schwerer lassen sich die Sitten und Gebräuche der Dorfbewohner erfassen. Nur eines ist sicher: Der Landvermesser bricht in ihre überaus geordnete Welt ein, und für ihn gilt das Verdikt der Brückenhofwirtin: »Sie mißdeuten alles.«

Nach menschlichem Ermessen ist das Dorf in jeder Hinsicht ein ungastlicher Ort. Anfangs glaubt ja K. auch, die Verhältnisse unten brauchten ihn nicht zu kümmern. So zeigt er die Entschlossenheit des Tatmenschen, der den gordischen Knoten einfach durchschlagen will. In seiner Eroberung Friedas, der Geliebten des Schloßbeamten Klamm, sieht er einen unmittelbaren Zugang zu denen oben im Schloß.

Doch hält diese Beziehung nicht, was sich der Landvermesser von ihr versprochen hat. Wohl oder übel muß K. den Weg zum Schloß über das Dorf finden. Dort gilt er als Eindringling, eben als »Fremder, einer, der überzählig und überall im Wege ist.« Selbst sogenannte Wohlmeinende halten ihm seine völlige Unkenntnis der Gegebenheiten vor. K. trifft auf eine geschlossene Gesellschaft, die ihn mit der Selbstverständlichkeit eines Organismus abstößt. Sobald sich die Eingeweihten aber herablassen, dem Landvermesser das Leben unterm Schloß und im Schloß transparenter zu machen, verfliegt auch der Anschein von Stimmigkeit. Das gilt besonders für die Schloßverwaltung, immerhin der Kopf dieses Körpers. Der Dorfvorsteher gibt eine köstliche Schilderung ihrer Arbeitsweise, deren Vorzüglichkeit er nicht genug rühmen kann. Im gleichen Atemzug aber entwirft er das Bild einer Bürokratie, deren Überorganisation chaotische Zustände schafft. Kein Zweifel, diese Verwaltung ist nurmehr in der Lage, sich selbst zu verwalten. Des Dorfvorstehers eigener Aktenschrank spiegelt dieses Chaos wider: Das heillose Durcheinander macht

---

Merkwürdiger, geheimnisvoller, vielleicht gefährlicher, vielleicht erlösender Trost des Schreibens: das Hinausspringen aus der Totschlägerreihe Tat – Beobachtung, Tat – Beobachtung, indem eine höhere Art der Beobachtung geschaffen wird, eine höhere, keine schärfere, und je höher sie ist, je unerreichbarer von der »Reihe« aus, desto unabhängiger wird sie, desto mehr eigenen Gesetzen der Bewegung folgend, desto unberechenbarer, freudiger, steigender ihr Weg.

Tagebuch vom 27. Januar 1922, zu Beginn der Arbeit am ›Schloß‹

die Suche nach einem bestimmten Schriftstück von vornherein aussichtslos.

Aber der Dorfälteste ist ja noch kein Repräsentant des Schlosses. Der Landvermesser gewinnt nur ein verschwommenes Bild seiner Hierarchie. Schon bei den Dienern, also an ihrer Basis, »waren, wie K. merkte, viele Abgrenzungen, von denen er bisher kaum eine Andeutung zu sehen bekommen hatte«, – und die Spitze dieser Rangordnung bleibt überhaupt unsichtbar. Sie figuriert als eine von Kafkas Spiegelungen ins Unendliche, stellt mit ihrer Unabsehbarkeit ihre Struktur infrage. Sie folgt dem Modell der »Selbstbeobachtung« aus dem Tagebuch, die niemals bei einer Gewißheit zur Ruhe kommt. Analog lockert sich auch der anfangs so entschlossene Zugriff K.s, er verliert sich auf seinen Wegen.

Als sich für K. im 23. Kapitel schließlich unversehens ein Zugang zum Schloß auftut, wird er vom Schlaf überwältigt. K. begegnet dem »Verbindungssekretär« Bürgel (also einem Mittler zwischen Dorf und Schloß) fast am Ende des Fragments, dennoch steht diese Begegnung im Zentrum des Romans. Trotz der Versicherung »»hier ist jeder müde‹« präsentiert sich Bürgel als sehr wacher, wenn nicht munterer Zeitgenosse. Außer den Wegen der Orthodoxie kennt er eine »seltene, fast niemals vorkommende Möglichkeit«, der Erhabenheit des Schlosses Herr zu werden. Diese Möglichkeit ist freilich äußerst gering, »»aber eines Nachts – wer kann für alles bürgen ? – kommt es doch vor.‹« So spricht Bürgel.

In der Nacht, in der der Mensch bekanntlich nicht gern alleine ist, kann selbst ein Schloßangehöriger aufhören, »»Amtsperson zu sein‹«. Die »»immer erwartete, mit wahrem Durst erwartete Partei‹« sitzt als Versuchung im Herzen des Beamten, sie beschert nicht nur das unermeßliche Glück der Menschwerdung, – »»Wie selbstmörderisch Glück sein kann‹« –

> Die Frau öffnete gleich den Schrank, K. und der Vorsteher sahen zu. Der Schrank war mit Papieren vollgestopft, beim Öffnen rollten zwei große Aktenbündel heraus [...]; die Frau sprang erschrocken zur Seite. »Unten dürfte es sein, unten«, sagte der Vorsteher, vom Bett aus dirigierend. Folgsam warf die Frau, mit beiden Armen die Akten zusammenfassend, alles aus dem Schrank, um zu den unteren Papieren zu gelangen. Die Papiere bedeckten schon das halbe Zimmer.
>
> ›Das Schloß‹

51 ›Das Schloß‹, 1968 (Regie: Rudolf Noelte), Szene mit Maximilian Schell

sondern auch und zugleich das der Gottähnlichkeit. Zumindest ist sicher, daß die Erfüllung der Parteienbitte »›die Amtsorganisation förmlich zerreißt‹« und jedenfalls »›eine über alle Begriffe gehende Rangerhöhung‹« bedeutet. Was Bürgel hier in Aussicht stellt, ist nichts weniger als eine Sprengung des Systems Schloß, die allerdings auch ihm und seinesgleichen Erlösung verspricht.

Mit seinen Ausführungen erläutert der Verbindungssekretär dem Landvermesser dessen eigene Situation, mehr noch, er drängt ihn, diese Lage auszunützen. Doch schon Bürgels Plauderton signalisiert: er kann dem Landvermesser die Vernichtung seiner Schloßexistenz ganz unbekümmert anbieten. Denn K. ist zu müde, um überhaupt eine Bitte vorzubringen. Unmittelbar nach Bürgels deutlichstem Hinweis, daß »›eine

Angriffe auf dem Weg im Schnee am Abend. Immer die Vermischung der Vorstellungen etwa so: In dieser Welt wäre die Lage schrecklich, hier allein in Sp. [Spindelmühle, D. A.] überdies auf einem verlassenen Weg, auf dem man im Dunkel im Schnee fortwährend ausgleitet, überdies ein sinnloser Weg ohne irdisches Ziel (zur Brücke? Warum dorthin? Außerdem habe ich sie nicht einmal erreicht), überdies auch ich verlassen im Ort [...], unfähig mit jemandem bekannt zu werden, unfähig eine Bekanntschaft zu ertragen, [...] überdies nicht nur hier so verlassen sondern

Partei, [...] jetzt, wenn sie will, Herr Landvermesser, alles beherrschen kann‹«, fällt der Angesprochene in einen tiefen Schlaf.

Was aber ist das für ein Schlaf? Ist es einfach einer aus augenblicklicher Erschöpfung oder handelt es sich um eine viel grundsätzlichere Unfähigkeit, die Gunst der Stunde zu nutzen? Bürgel bejaht diese Frage. »›Nein, Sie müssen sich wegen Ihrer Schläfrigkeit nicht entschuldigen, warum denn? Die Leibeskräfte reichen nur bis zu einer gewissen Grenze, wer kann dafür, daß gerade diese Grenze auch sonst bedeutungsvoll ist?‹«

Der graziös-beiläufige Gliedsatz nährt den Verdacht, auch das ›Schloß‹ übe eine parabolische Schreibweise. Die absolute »Grenze der Leibeskräfte« bezeichnet der Tod. Und der ist insofern bedeutungsvoll, als er über Existenz oder Nichtexistenz des Schlosses entscheidet. Kaum zufällig nennt der Autor das Dorf meist »Gemeinde«. Die Dorfbewohner sind Gläubige, sie glauben an das Schloß. Die Frage ist nur, ob das Schloß an sich selbst glaubt. Zweifel scheinen angebracht. Das Schloß kann eine solche Karikatur der Verwaltung nur liefern, weil Inhalte hier keine Rolle mehr spielen. Um noch einmal Bürgel zu zitieren: »›Bei uns liegen doch die Dinge ganz gewiß nicht so, daß man eine fachliche Kraft unausgenützt lassen dürfte.‹« Aber wenn eine Verwaltung von nichts mehr getragen wird, trägt sie immer noch sich selbst.

Der Landvermesser will ihr Land des Glaubens vermessen. Wohlgemerkt: Es geht dem »Eindringling« um eine Bestandsaufnahme, aber schon seine rationale Haltung muß Abwehr provozieren, sie gilt unter Gläubigen als Vermessenheit. Und je ferner eine Arbeitserlaubnis rückt, desto mehr sinnt K. auf andere Mittel und Wege, dem Schloß beizukommen. Ob er sich dabei »verfranst«, ob er der Komplexität der Materie Tri-

> überhaupt, auch in Prag meiner »Heimat« undzwar nicht von den Menschen verlassen, das wäre nicht das Schlimmste, ich könnte ihnen nachlaufen, solange ich lebe, sondern von mir in Beziehung auf die Menschen, von meiner Kraft in Beziehung auf die Menschen, [...]
>
> *Tagebuch vom 29. Januar 1922, möglicherweise*
> *mit Anspielungen auf das ›Schloß‹*

but zollt oder ihr nur gerecht wird, kann dahingestellt bleiben. Jedenfalls gelangt er über die Sphäre des Dorfes nie hinaus. Schon die Auseinandersetzung mit den Anhängern der
Bekenntnisse ist eine Heidenarbeit.

Dafür zeichnet sich beim Aufeinandertreffen mit Bürgel eine viel radikalere Lösung ab: Folgte K. seiner Aufforderung,
gäbe es nichts mehr zu erkunden, geschweige denn zu vermessen. So gesehen bewahrt der Schlaf den Landvermesser
davor, sich selbst überflüssig zu machen. Träumend aber fei-
ert er den Zusammenbruch des Schlosses als Triumph. Mit
den Amtswaltern der Heilslehre geht auch diese selbst zugrunde, wenn jene ihre Vitalität nicht längst nur noch behaupten. So scheinen die Grenzen zwischen den Hohepri-
stern und ihren Göttern fließend. Wie Poseidon bei Kafka
längst nicht mehr Beherrscher der Meere ist, sondern nur
noch ihr Verwalter, zeigt sich umgekehrt der Sekretär Bürgel
dem Landvermesser als Gott.

Doch verweist das zerbrochene Champagnerglas in K.s
Traum gleich schmerzhaft auf die Nachtseite seines Sieges.
»Herr lehre uns bedenken, daß wir sterben müssen, auf daß
wir klug werden«, lautet eines der einschlägigen Bibelzitate
(Psalm 90). Wer weiß, daß er sterben wird, ist nicht mehr von
dieser Welt. Der Glaube tritt nur die Flucht nach vorn an und
behauptet eine Fortsetzung des Lebens über seine Endlichkeit
hinaus. Das Leben vom Tod her denken heißt jedoch, dies
(gegen die »Laufrichtung«) ins Leben hinein zu tun und nicht
darüber hinaus.

Aber vielleicht sind das alles schon Erwägungen von Schloßbeamten. Zumindest laufen Interpreten stets Gefahr, »ihre«
Texte nur zu verwalten. Dabei kann bekanntlich ein ebenso
großer Aufwand getrieben werden wie im Schloß. Und oft
gibt sich der Glaube an die Triftigkeit der eigenen Deutung

Liebster Franz, Deinen Roman habe ich Abend für Abend mit großer
Spannung gelesen, ausgelesen. Ich fand, daß ich mir schon lange so eine
Lektüre gewünscht habe, eine richtige Erzählung, die einen aus den eigenen Sorgen herausnimmt. Aber es ist sonst alles (auch Balzac, den ich an-
fieng) so fad. Nun kam dein Buch. Und ohne in die Tiefe einzugehen, […]
kann ich nur sagen, daß es ein sehr unterhaltendes farbiges Buch ist, –
die Szene im Schlitten traumhaft schön – die Sache mit dem Protokoll
[…] besonders gut, und merkwürdigerweise hast du gerade diese Seiten

(oder wenigstens der zu eigen gemachten Methode) nicht weniger dogmatisch als der Glaube an irgendwelche höchste Wesen. Übrigens können beide auch zusammenfallen. Kaum schwächer als die Endlichkeit des Lebens locken Kafkas Texte, über sie hinauszugehen.

Was K. angeht, gelingt ihm das Eindringen ins Schloß nicht. Angetreten, die denkbar nüchternste Interpretation zu erledigen, die gewisseste Art des Begreifens, hängt sich der Landvermesser so beharrlich ans Schloß, daß sein Kampf an das Ringen Jakobs mit dem Engel Gottes erinnert: »Ich lasse dich nicht, du segnest mich denn.« (1. Buch Mose 32,27) K.s Anstrengungen sind vorderhand unbegreiflich.

Aber es wäre schade, wenn deswegen die Freude am virtuos-folgerichtigen Spiel auf der Textebene verlorenginge. So sehr das ›Schloß‹ dazu auffordert, seine Sphäre zu transzendieren, so wenig sollte sich der Leser das Vergnügen am Wortlaut nehmen lassen. Etwa daran, wie grotesk Kafka den Amtsschimmel wiehern läßt, wie differenziert er die vertrackte Einfalt der Dorfbewohner darstellt. Dieses ebenso folgerichtige wie erfinderische Entfalten des erzählerischen Potentials zeugt doch auch von strategischem Genie, wenngleich der Autor den Kampf um das ›Schloß‹ zuletzt verloren hat, also an der großen Form wieder gescheitert ist.

Mit dem ›Schloß‹ entstehen Erzählungen, manche davon werden sogar abgeschlossen. Nun hat Kafka auch wieder etwas für die Redaktionen. Ende April, Anfang Mai 1922 schickt er ›Erstes Leid‹ an den ›Genius‹, der den schönen Untertitel ›Zeitschrift für werdende und alte Kunst‹ trägt. Vielleicht hat ihr Verfasser sie etwas leichtfertig aus den Händen gegeben, denn Max Brod überliefert seinen Stoßseufzer: »Wenn ich die widerliche kleine Geschichte aus Wolffs Schublade nehmen und aus seinem Gedächtnis wischen könnte.«

gestrichen – aber ich nehme an, daß in dem nächsten Heft (wie könnte ich es mir verschaffen? In deiner Wohnung holen? Ich brenne darauf) diese selbe Sache in veränderter Art, aber dem Sinne nach gleich, zur Sprache kommen muß. – Bin sehr gespannt und werde mich durch keinerlei Reden von dir abhalten lassen, das ganze Werk dir abzuverlangen.
Max Brod an Franz Kafka, 24. Juli 1922

Sicher, die Geschichte bleibt ein wenig in der Luft hängen, aber das ist ihrem Gegenstand nicht unangemessen. Und sie gibt ein Thema vor, das für Kafkas letzte Schaffensphase herausragende Bedeutung hat: ›Erstes Leid‹ handelt von der Kunst und den Künstlern. Genauer von einem Trapezkünstler, der sich seinem zirzensischen Metier so vollkommen verschreibt, daß er sein Leben am liebsten ganz unter die Zirkuskuppel verlegen und dort – in plötzlicher Erkenntnis eines gravierenden Mangels – dem einen Trapez noch ein zweites hinzufügen will. »›Nur diese eine Stange in den Händen - wie kann ich denn leben!‹«

Zirkusluft atmet ebenfalls der ›Hungerkünstler‹. Aber da ist die Titelfigur bereits auf dem absteigenden Ast. Die Zeiten haben sich geändert, das Publikum hat sich anderen Sensationen zugewandt. Freilich reagierte die Menge auf seine Kunst auch schon mit Unverständnis, als er noch berühmt war. Damals bereits machten ihm schäbige Verdächtigungen, bei seinem Hungern könne es nicht mit rechten Dingen zugehen, das Leben sauer. Außerdem setzte das viel zu rasch erlahmende Interesse der Öffentlichkeit seiner Darbietung Grenzen: Vierzig Tage (ein Schelm, wer dabei an die biblische Fastenzeit denkt) ließ es sich nicht bei der Stange halten, so daß der Hungerkünstler niemals zeigen konnte, was wirklich in ihm steckte.

Seine wahren Fähigkeiten kann er nicht auf den – gleichwohl beifallumrauschten – Tourneen zeigen, sondern erst, als er fast vergessen in einem Zirkuskäfig dahindämmert. Endlich kann er nach Herzenslust hungern, aber nun sieht ihm niemand mehr zu. Dabei hat sich dieser Artist einer Kunst verschrieben, in der Vollkommenheit zu erreichen wahrhaftig nicht ohne Risiko ist, also die Schaulust anreizen müßte. Doch der Hungerkünstler hungert im Vergessenen; erst als er dem

Ich [darf] Ihnen unser aller Freude aussprechen, daß Sie dem Genius die schöne Erzählung ›Erstes Leid‹ freundlichst sandten. Vor allem aber möchte ich Ihnen sagen, wie sehr froh wir sind, nach langer Pause einmal wieder unmittelbar Nachricht von Ihnen zu haben. Es kann natürlich gar keine Rede davon sein, daß ich oder irgend einer meiner Mitarbeiter Ihnen Ihr langes Schweigen verübelt hätten.

Kurt Wolff an Franz Kafka 10. Mai 1922

Tod nahe ist, wird sein abgezehrter Körper eher zufällig im
Stroh des Käfigs entdeckt. Das umstehende Zirkuspersonal,
endlich einmal (obwohl nur mäßig) Interessierte, vernimmt
seine letzten Worte. Mit schwacher Stimme erklärt er seine
Kunst für nichts Besonderes, »»weil ich hungern muß, ich
kann nicht anders‹«. Dennoch endet er sein Leben mit einer
Pointe: Hungern müsse er, »weil ich nicht die Speise finden
konnte, die mir schmeckt.« Nach diesen letzten Worten bestand die Kunst des Hungerkünstlers nicht einfach im Verzicht. Vielmehr hat er nach etwas gehungert.

Kein Zweifel: Die Vita des Hungerkünstlers steht auch für
das Schicksal eines Schriftstellers. Die Menge bringt ihm so
oder so Unverständnis entgegen, er selbst kann mit seinen
Leistungen nie zufrieden sein. Der Anerkannte verfehlt seine
Kunst, der wahre Künstler die Anerkennung des Publikums.
Dabei hat auch er das Recht, in seinem Schaffen nichts Besonderes zu sehen; bekanntlich muß er schreiben, er gehorcht also nur dem oft genug strapazierten »inneren Drang«. Bliebe
die Frage nach der Speise, die ihn allen anderen gleichstellen
würde, wenigstens soweit es das tüchtige Zulangen angeht.

Hier setzen ehrgeizige Deutungen an. Zunächst fällt der
ausdrückliche Hinweis ins Auge, daß der Hungerkünstler
dem Zeitgeschmack nicht mehr entspricht. Es gab eine Phase
der – wie immer fragwürdigen – Akzeptanz, die beim Einset-
zen der Erzählzeit vergangen ist. Das Moment der Historizi-
tät gab Anlaß, in diesem Text eine Abbreviatur der Geistesge-
schichte zu sehen. Vitalismus als Signum der Epoche: nicht
mehr der asketische Hungerkünstler ist die Attraktion, sondern der »junge Panther«. Das Publikum fasziniert der »edle,
mit allem Nötigen bis zum Zerreißen ausgestattete Körper«,
der selbst in Gefangenschaft »die Freiheit mit sich herumzu-
tragen« scheint. »Und die Freude am Leben kam mit derart

> [...] und dann die Kinder, die wegen ihrer ungenügenden Vorbereitung
> von Schule und Leben her, zwar immer noch verständnislos blieben –
> was war ihnen Hungern? – aber doch in dem Glanz ihrer forschenden
> Augen etwas von neuen, kommenden, gnädigeren Zeiten verrieten.
>
> ›Ein Hungerkünstler‹

starker Glut aus seinem Rachen, daß es für die Zuschauer nicht leicht war, ihr standzuhalten.«

Aber solche Deutungen haben eben einen Nachteil: Wenn ein Autor etwas eigentlich gemeint hat, warum hat er es dann nicht so gesagt? Und wenn gegen manche Stimme aus der neueren Sekundärliteratur bei Kafka das genaue Kalkül gesehen wird, muß doch zuallererst unterstellt werden, daß er das Rätsel über die Speise des Hungerkünstlers absichtlich ungelöst läßt. So lassen sich dessen letzte Worte ja auch als verlegene Floskel lesen, die das krasse Elend seines Käfigdaseins entschuldigen soll.

Selbstverständlich ist die Frage erlaubt, nach welcher »Speise« der Hungerkünstler gehungert hat. Und selbstverständlich liegt nahe, an eine überirdische Nahrung zu denken. Entscheidend ist jedoch, daß er sie nicht gefunden hat. Die Verlegenheit hinsichtlich der positiven Bestimmung hat immer nur die Abwehr irdischer Kost gestattet. Diese Abwehr läßt vielleicht nur einen Reflex von Metapysik erkennen, aber sie ist das äußerst Erreichbare für einen Menschen, der im Glauben keine Zuflucht fand. Nur: Ein erbärmlicheres Ende, als einfach ausgemistet zu werden, läßt sich kaum denken. Und gegen den biographischen Kurzschluß, das Ende des Protagonisten entspreche doch wohl dem vorherrschenden Lebensgefühl des Autors, muß die Konsequenz des Hungerkünstlers hervorgehoben werden. Eines Künstlers, der sich in Ausübung seiner Kunst selbst abschafft.

Zwischen Oktober und Mitte November 1922 erscheint ›Ein Hungerkünstler‹ in fünf Zeitschriften, darunter auch im Chicagoer ›Vorboten‹, der im Untertitel ›Unabhängiges Organ für die Interessen des Proletariats‹ heißt. Die Erzählung wird auch jenem Band den Titel geben, an dessen Fahnen Kafka noch einen Tag vor seinem Tod korrigiert.

Die beiden letzten Jahre

Vom 23. Juni bis zum 18. September 1922 ist Kafka Gast seiner Schwester Ottla, sie hat nebst (ihrer gut ein Jahr alten) Tochter Věra eine Sommerwohnung im südböhmischen Planá bezogen. Einmal mehr verdankt er ihr eine »mit Unterbrechungen gute Zeit«, wie das Tagebuch vermerkt. Obwohl er seine Abgeschiedenheit betont, sind aus diesen Monaten etliche der insgesamt spärlichen Belege für Kafkas Interesse an aktueller Politik und Kunst erhalten. Beide Sphären treffen sich in den Feierlichkeiten zum Tod des hochangesehenen Bildhauers Josef Václav Myslbek (geboren 1848), sie finden im Altstädter Rathaus statt. In einem Brief an Max Brod fordert Kafka den Freund auf, über den ekstatischen František Bílek (1870–1941) zu schreiben, dessen Koliner Hus-Denkmal er sehr viel höher einschätzt als das ungleich monumentalere auf dem Altstädter Ring (von Ladislav Šaloun). Ebenfalls findet die Ermordung Walther Rathenaus seine Aufmerksamkeit, er hielt den Reichsaußenminister für einen Todgeweihten. »Unbegreiflich, daß man ihn so lange leben ließ, schon vor 2 Monaten war das Gerücht von seiner Ermordung in Prag [...], die Sache geht weit über meinen Gesichtskreis hinaus.«

Kafkas Zustand verschlechtert sich von Tag zu Tag. Am 14. November 1922 notiert er:

52   Hus-Denkmal von Ladislav Šaloun auf dem Altstädter Ring, Detail

»Abend immer 37°6, 37°7. Sitze beim Schreibtisch, bringe nichts zuwege, komme kaum auf die Gasse«, setzt jedoch hinzu: »Trotzdem Tartüfferie, über die Krankheit zu klagen.« Am 29. November aktualisiert er seinen letzten Willen hinsichtlich der eigenen Werke: »Von allem was ich geschrieben habe gelten nur die Bücher: Urteil, Heizer, Verwandlung, Strafkolonie, Landarzt und die Erzählung: Hungerkünstler. [...] Wenn ich sage, daß jene 5 Bücher und die Erzählung gelten, so meine ich damit nicht, daß ich den Wunsch habe, sie mögen neu gedruckt und künftigen Zeiten überliefert werden, im Gegenteil. [...] Dagegen ist alles, was sonst an Geschriebenem von mir vorliegt, ausnahmslos zu verbrennen.«

Auch gegen andere aus der Zunft kann Kafka sehr kritisch sein. In aller Freundschaft nimmt er Werfels Trauerspiel ›Schweiger‹ auseinander. Gegenüber dem Autor kann er freilich nur »Widerstreben« ausdrücken. Nachträglich schreibt er Max Brod: »Was sollte ich Werfel sagen, den ich bewundere, den ich sogar in diesem Stück bewundere, hier allerdings nur wegen der Kraft diesen dreiaktigen Schlamm zu durchwaten.« Wie sehr ihm nachging, daß er seine Aversion so verhalten-unbestimmt äußerte, aber nicht erklärte, zeigt ein Briefentwurf (der jedoch nie ein Brief wurde, Werfel also nicht erreichte): »Das Gespräch damals am Abend lag nachher zu schwer auf mir, die ganze Nacht über.« Der ganze Kafka liegt in der Entschuldigung: »Ich versuche z. B. etwas gegen das Stück zu sagen und schon in den zweiten Satz beginnt sich die Ohnmacht mit Fragen zu drängen, wie: ›Worüber sprichst Du? Um was handelt es sich? Was ist das, Literatur?‹«

Werfels Einladung an den Semmering und nach Venedig muß er ausschlagen, dazu reichen seine Kräfte nicht. Immer-

Auch Bilek erwähnst Du nicht, gern würde ich ihn in Deinen Arm betten. Ich denke seit jeher an ihn mit großer Bewunderung. Zuletzt hat mich freilich, wie ich gestehen muß, erst wieder eine Bemerkung in einem mit anderen Dingen sich beschäftigenden Feuilleton in der Tribuna an ihn erinnert. Wenn es möglich wäre diese Schande und mutwillig-sinnlose Verarmung Prags und Böhmens zu beseitigen, daß mittelmäßige Arbeiten wie der Hus von Saloun oder miserable wie der Palacky von Sucharda ehrenvoll aufgestellt werden, dagegen zweifellos unvergleichliche Entwürfe Bileks zu einem Zizka- oder Komenskydenkmal unausgeführt bleiben, wäre viel getan [...]

An Max Brod, 24. Juli 1922

hin bietet selbst Prag gelegentlich neue Anregungen.
Der Jugendfreund Hugo Bergmann, 1920 nach Palästina
ausgewandert und dort Lei-
ter der Jerusalemer Univer-
sitätsbibliothek, besucht im
April 1923 seine Geburts-
stadt. Er hält dort Vorträge
über die Situation der Juden
in der neuen Heimat, führt
mit Kafka lange Gespräche.
Und der Kranke faßt den
Plan, nach Palästina auszuwandern. Auch ein Urlaub
an der Ostsee arbeitet seiner
erneuten Faszination vom

53   Franz Werfel (1890–1945).
Portraitaufnahme um 1930

Glauben der Vorfahren zu. Am 5. Juli verläßt er mit Schwester Elli und Ehemann die Moldaumetropole, zwei Tage nach
seinem 40. Geburtstag, dem letzten, den er feiern kann.

Zunächst aber macht Kafka einen Tag in Berlin Station und
besucht unter anderem den Verlag Die Schmiede. Max Brod
hat hier seinen Namen ins Spiel gebracht, die ehrgeizige Neu-
gründung lockt den Dichter mit günstigeren Konditionen, als
Kurt Wolff sie gewährt hat. Er verabredet ein neues Buch,
eben mit dem Titel ›Der Hungerkünstler‹. Zum Zeitpunkt der
Fahrtunterbrechung hat er über ein ein halbes Jahr nichts
mehr geschrieben.

Und nun die Einladung; hat man sie als Dokument in der Hand, bekommt sie ein noch großartigeres wirklicheres Aussehn. Hindernisse
sind die Krankheit, der Arzt (den Semmering lehnt er wieder unbedingt
ab, Venedig nicht unbedingt) und wohl auch das Geld (ich müßte mit
tausend Kronen monatlich auskommen können), aber das Haupthinder-
nis sind sie gar nicht. Von dem Ausgestrecktsein im Prager Bett zu dem
aufrechten Herumgehn auf dem Markusplatz ist es so weit, daß es nur
die Phantasie knapp überwindet, aber das sind ja erst die Allgemeinhei-
ten, darüber hinaus etwa die Vorstellung zu erzeugen, daß ich z. B. in Venedig in Gesellschaft mittagesse (ich kann nur allein essen), das verweigert sogar die Phantasie. Aber immerhin, ich halte die Einladung fest und
danke Ihnen vielmals.

Brief(entwurf?) an Franz Werfel, Dezember 1922

Im Urlaubsdomizil Müritz liegt die Pension der Hermanns nah bei der Ferienkolonie des Berliner Jüdischen Volksheims. Als die Kinder der Kolonie eine Vorstellung geben, ist Kafka unter den Zuschauern: Wieder vermittelt eine Theateraufführung den Kontakt zu einem authentischen Judentum. Bald schließt er sich eng an die Kinder und die – ebenfalls noch jungen – Betreuerinnen an, nimmt am Leben der Gruppe teil. Sein jugendliches Aussehen wird ihm geholfen haben, sich in dieser Schar nicht allzu bizarr auszunehmen. Seine Palästinapläne aber legt er wenigstens vorläufig ad acta. »Es wäre,« schreibt er Else Bergmann, »keine Palästinafahrt geworden, sondern im geistigen Sinne etwas wie eine Amerikafahrt eines Kassierers, der viel Geld veruntreut hat.«

Unter den Müritzer Betreuerinnen ist eine junge Frau namens Dora Diamant (1898–1952), die Kafka schon Anfang August 1923 »ein wunderbares Wesen« nennt. Dennoch kehrt er zunächst nach Prag zurück, um gleich anschließend im bewährten Schelesen Urlaub zu machen, diesmal mit Ottla und ihren beiden Kindern (am 10. Mai des Jahres ist Tocher Helene hinzugekommen). Die Notwendigkeit der abermaligen Erholung muß sich aufgedrängt haben, beim Eintreffen in Schelesen wiegt Kafka ganze 54,5 kg (»Ich habe noch niemals so wenig gewogen«). Die Krankheit fällt weiter mit »Temperaturerhöhungen« lästig, überhaupt: »Jeden Tag irgendein größerer Mangel, es rieselt im Gebälk« (Brief an Max Brod vom 15. September 1923). Dennoch reift ein Entschluß, den Ottla nach Kräften unterstützt. »Innerhalb meiner Verhältnisse ist das eine Tollkühnheit, für welche man etwas Vergleich-

Warum machte Kafka auf mich einen so starken Eindruck? Ich kam aus dem Osten, als ein dunkles Geschöpf voller Träume und Vorahnungen, wie aus einem Roman von Dostojewski entsprungen. Ich hatte soviel vom Westen gehört, von seinem Wissen, seiner Klarheit und seinem Lebensstil, und so kam ich nach Deutschland mit einer aufnahmebereiten Seele, und es hat mir viel gegeben. Aber immer wieder hatte ich dabei das Gefühl, daß die Menschen dort irgend etwas brauchten, was ich ihnen geben könnte. […] Irgend etwas fehlte ihnen. Im Osten wußte man um den Menschen, […] man wußte um die Einheit von Mensch und Schöpfung. Als ich Kafka das erstemal sah, erfüllte sein Bild sofort meine Vorstellung vom Menschen. Aber auch Kafka wandte sich mir aufmerksam zu, als ob er etwas von mir erwartete.

Dora Diamant, ›Mein Leben mit Franz Kafka‹, 1949

bares nur finden kann, wenn man in der Geschichte zurückblättert, etwa zu dem Zug Napoleons nach Rußland«, so hat er später gegenüber Oskar Baum dieses Unternehmen charakterisiert.

Kaum wieder zuhause, setzt Kafka sein Vorhaben ungeachtet aller Widerstände durch: Los von Prag. Endlich, nach so vielen gescheiterten Versuchen, kehrt er der Heimatstadt den Rücken. Seine Freunde, seine Familie, vielleicht sich selbst läßt er in dem Glauben, es sei nur ein

54   Dora Diamant (1898/1903–1952)

Abschied für wenige Wochen. Am 23. September setzt er sich in den Zug nach Berlin, wo ihn Dora Diamant erwartet.

Kein halbes Jahr wird Kafka in der Reichshauptstadt leben, immerhin drei Wohnungen dort beziehen. Der tschechoslowakische Staatsbürger kommt aus wirtschaftlich stabilen Verhältnissen ins Berlin der Hyperinflation; als im November des Jahres die Währung stabilisiert wird, ist eine Billion Papiereine Goldmark wert. Das junge Paar könnte ohne Unterstützung aus Prag nicht leben, bei jedem Verzögern einer Geldsendung droht der Hunger. Auch Pakete mit Naturalien sind erwünscht, vor allem die Prager Butter kommt gelegen. Nun betont der Empfänger in seinen Briefen mehrfach, daß ihm nichts abginge. Aber viele Bemerkungen lassen keinen Zweifel, daß er den Mangel sehr wohl gespürt hat und keineswegs

Von den Aufregungen Berlins, den schlimmen und den guten, erfahre ich wenig, von den ersteren natürlich mehr. Weiß übrigens Peppa [Vallis Gatte Josef Pollak, D. A.], was man in Berlin sagt, wenn man gefragt wird: »Wie geht's?« Ach, er weiß es gewiß, ihr wißt alle über Berlin mehr als ich. Nun auf die Gefahr hin, etwas ganz Veraltetes zu sagen, sachlich ist es ja noch immer aktuell, man sagt: »Mies mal Index.« Und dieses: Einer erzählt begeistert vom Leipziger Turnfest: » – der ungeheure Anblick, wie die 750.000 Turner einmarschiert sind!« Der andere sagt, langsam rechnend: »Na, was ist denn das, dreieinhalb Friedensturner.«

An die Schwester Valli, November 1923

nur Theaterkarten unerschwinglich bleiben. Kafka fürchtet sogar, wegen der Teuerung Berlin verlassen zu müssen.

Alle Schwierigkeiten bewältigt seine Lebensgefährtin Dora Diamant souverän. Sie baut das Nest, respektive die Nester, sorgt immer für eine wohnliche Atmosphäre, und jede Not scheint sie nur noch erfinderischer zu machen. Kafka fühlt sich »gut und zart behütet bis an die Grenzen irdischer Möglichkeit« (an Milena Jesenská). Den ersten Berliner Umzug (am 15. November 1923) etwa nimmt Dora ganz allein in die Hand. Kafka hat in der Stadt einen Bekannten getroffen und sich aufhalten lassen, abends empfängt ihn die fertig eingerichtete Bleibe.

Aus einem galizischen Stehtl zuerst nach Breslau, dann nach Berlin gekommen, trägt die junge Frau Entbehrungen sehr viel gelassener als der sicher bescheidene, aber doch nur im Rahmen gediegener Urbanität anspruchslose Autor. Dennoch geschieht, was einem Wunder gleichkommt: Kafka wird in dieser Beziehung – jedenfalls nach Auskunft der erhaltenen Zeugnisse – von keinerlei selbstquälerischen Skrupeln heimgesucht. Zweifellos entspricht die junge Frau mit ihren ostjüdischen Wurzeln dem Sehnsuchtstyp des Dichters. Nur spekulieren läßt sich darüber, ob die Kenntnis seiner Krankheit, die Ahnung der begrenzten Perspektive beigetragen haben, die Lasten des Bedenkenträgers gar nicht erst zu schultern.

Doch vor allem: Kafka beginnt wieder zu schreiben, und keineswegs nur vereinzelte Notizen, sondern durchstrukturierte Texte. Im November/Dezember entstehen das große Fragment ›Der Bau‹ und die kurze Erzählung ›Eine kleine Frau‹. In der letztgenannten inszeniert der Ich-Erzähler eine Katastrophe als Gedankenspiel. Dabei ist herzlich gleichgültig, ob der Verfasser bei der ›Kleinen Frau‹ an seine erste Berliner Vermieterin dachte. Ins Auge fällt der Abstand, der hier

---

Er hatte es später gern, wenn ich im Zimmer blieb, während er schrieb. Einmal begann er nach dem Abendbrot zu schreiben; er schrieb sehr lange, so daß ich auf dem Sofa trotz des elektrischen Lichtes einschlief. Auf einmal saß er neben mir, ich erwachte und blickte ihn an. In seinem Gesicht hatte sich eine deutlich wahrnehmbare Änderung vollzogen; die Spuren der geistigen Anstrengung lagen so klar zutage, daß sein Gesicht davon völlig verwandelt war.

Dora Diamant, ›Mein Leben mit Franz Kafka‹, 1949

zur obsessiven Angst gehalten wird, obwohl der Text immer wieder zu erkennen gibt, wie leicht sich das vorgestellte Unheil in ein Erzählgeschehen hätte überführen lassen. So aber bleibt diese ›Kleine Frau‹ als »Richterin« nur imaginiert. Sie könnte den Erzähler vor der Welt kraß ins Unrecht setzen, ja vernichten, er wäre ihren Hinterträgereien ohnmächtig ausgeliefert. Doch der Schlußsatz heißt eben: »Von wo aus also ich es auch ansehe, immer wieder zeigt sich und dabei bleibe ich, daß, wenn ich mit der Hand auch nur ganz leicht diese kleine Sache verdeckt halte, ich noch sehr lange, ungestört von der Welt, mein bisheriges Leben ruhig werde fortsetzen dürfen, trotz allen Tobens der Frau.«

Liegt hier die Seelenruhe buchstäblich in der Hand des Ich-Erzählers, hat es der Erzähler im ›Bau‹ (der Titel stammt von Max Brod) mit einer viel vageren, doch offensichtlich sehr viel stärkeren Bedrohung zu tun. Er ist eines von Kafkas Tieren, ein Raubtier ohne Zweifel, wenngleich ein nicht näher bezeichnetes. Es hat sich einen ingeniösen Bau geschaffen, der ihm höchstmögliche Sicherheit gibt. Doch eines Tages vernimmt es ein Geräusch, das nur einem unbestimmten, aber unerbittlichen Feind zugeschrieben werden kann. Obwohl Kafka die Geschichte nicht vollendet hat, läßt sich der Widersacher identifizieren: Es ist der Tod, den bekanntlich keine Trutzburg fernhalten kann.

Zum Jahresende 1923 bekommt Kafka »hohes Fieber und Schüttelfrost«. Der Arzt verlangt für einen Besuch »160 K[ronen, D. A.], D. hat es dann auf die Hälfte hinuntergehandelt, jedenfalls habe ich seitdem zehnfache Angst vor Krankwerden.« Nur kommt das Fieber immer wieder; Kafkas Hinfälligkeit erlaubt ihm nicht einmal mehr, die Pakete selbst vom Postamt abzuholen. Am 23. Februar 1924 schickt die alarmierte Familie den Onkel Siegfried Löwy nach Berlin. Der Medizi-

Eine seiner letzten Erzählungen, ›Der Bau‹, ist in einer einzigen Nacht geschrieben worden. Es war Winter; er begann früh am Abend und war gegen Morgen fertig, dann arbeitete er wieder daran. Er erzählte mir davon, scherzhaft und im Ernst. Es war eine autobiographische Geschichte, und vielleicht war es eine Vorahnung der Rückkehr ins Elternhaus und des Endes der Freiheit, die in ihm dies panische Angstgefühl erregte. Er erklärte mir, daß ich der »Burgplatz« in diesem Bau sei.
Dora Diamant, ›Mein Leben mit Franz Kafka‹, 1949

ner rät seinem Neffen dringend zu einem Kuraufenthalt. Löwys Berliner Kollege Ludwig Nelken sekundiert aus der Erinnerung: »Er war in einem fürchterlichen Zustand.«

Max Brod fährt nach Berlin, um Kafka nach Hause zu holen; am 17. März ist er wieder in Prag. Er hat Schwierigkeiten beim Sprechen. Der langjährige Tuberkulosepatient kann dieses Symptom selbst diagnostisch deuten. Als ihn das Sanatorium Wienerwald im niederösterreichischen Ortmann aufnimmt, wiegt er mit Winterkleidung 49 kg. Inzwischen ist sicher, daß der Kehlkopf angegriffen ist, bald kann Kafka nur noch flüstern. Dora Diamant, die ihm nach Ortmann gefolgt ist, schreibt in einem Postskriptum an Max Brod: »Der Zustand ist sehr, sehr ernst.« Am 9./10. April wird Kafka von den einschlägigen Wiener Kapazitäten untersucht, bis zum 19. April bleibt er in der renommierten Laryngologischen Klinik des Professors und Arthur-Schnitzler-Schwagers Markus Hajek. Dann bezieht Kafka ein neues Sanatorium, das diesmal Dr. Hoffmann heißt und in Kierling bei Klosterneuburg liegt.

Die Behandlungskosten sind hoch, seine letzte Erzählung »muß ein wenig helfen«. Etwa ab Mitte März 1924 ist sie entstanden und trägt den Titel ›Josefine, die Sängerin oder das Volk der Mäuse‹. Sie ist Kafkas letzte Arbeit, um so mehr beeindruckt ihr grimmiger Humor. ›Josefine‹ beginnt schon mit einer der Relativierungsorgien, die für den Autor so bezeichnend sind: Auch Josephine ist Künstlerin, doch ganz schnell wird fragwürdig, worin ihre Kunst überhaupt besteht. Ihr Singen, »Ist es vielleicht doch nur ein Pfeifen?« fragt der Erzähler aus der Mitte des Mäusevolks, um selbst über diese Entmystifizierung noch hinauszugehen: »Ja vielleicht reicht ihre Kraft für dieses übliche Pfeifen nicht einmal ganz hin.«

Das sieht der »Anhang« Josefines ganz anders. Aber eins kann auch der äußerst skeptische Berichterstatter nicht leug-

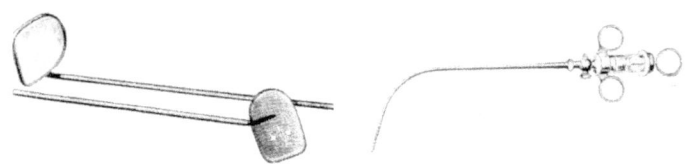

nen: Ihr Gesang hat Wirkung. Diese Dimension fordert zur Analyse heraus, auf sie hatte Kafka mit einer Erweiterung der ursprünglichen Überschrift schon hingewiesen: Zu ›Josefine, die Sängerin‹ tritt ›oder das Volk der Mäuse‹. Sein Kommentar: »Solche Oder-Titel sind vielleicht nicht sehr hübsch, aber hier hat es vielleicht besonderen Sinn. Es hat etwas von einer Waage.« Oder von einer ganz spezifischen Dialektik: »Dieses Pfeifen, das sich erhebt, wo allen anderen Schweigen auferlegt ist, kommt fast wie eine Botschaft des Volkes zu dem Einzelnen; das dünne Pfeifen Josefinens mitten in den schweren Entscheidungen ist fast wie die armselige Existenz unseres Volkes mitten im Tumult der feindlichen Welt.«

Daß »unser Volk« kein anderes als das jüdische sein kann, darauf haben viele Interpreten hingewiesen, allen voran Max Brod. Diese Deutung bedarf kaum philologischer Spitzfindigkeiten, viele Zitate legen sie fast zwingend nahe. Wer ist dann aber Josefine? Was sie vom Volk unterscheidet, ist ihr besonderer Umgang mit der »Sprache unseres Volkes«: »Nur pfeift mancher sein Leben lang und weiß es nicht, hier aber ist das Pfeifen freigemacht von den Fesseln des täglichen Lebens und befreit auch uns für eine kurze Weile.« Während also der Erzähler einerseits die Kunstlosigkeit des Pfeifens betont, hebt er andererseits seine Überwindung »des täglichen Lebens« hervor: so als sei der Gesang Josefines ein Readymade, wie es Marcel Duchamp erstmals 1913 kreiert hatte. Und das Volk der Mäuse reagiert nicht mit Schmährufen oder Hohn, sondern mit Dankbarkeit.

Nun fehlen dem Gesang Josefines alle Anzeichen der Provokation, sie ist eine durch und durch konservative Künstlerin. Als solche hat sie Allüren, nennt sich eine »Auserwählte«, deren Größe das »Volk« nicht erfassen kann. Dennoch oder gerade deshalb fordert die Sängerin »die öffentliche, eindeuti-

◄ 55, 56 Laryngologische Instrumente: Links ein Kehlkopfspiegel, rechts eine Pinselspritze für die »Cocainisierung« des Kehlkopfes

ge, die Zeiten überdauernde, über alles bisher Bekannte sich weit erhebende Anerkennung ihrer Kunst«, sie fordert, »daß sie mit Rücksicht auf ihren Gesang von jeder Arbeit befreit werde«. Andernfalls will sie nicht mehr auftreten.

Damit hat Josefine freilich den Bogen überspannt, sie stellt sich mit ihrer Forderung außerhalb ihres Volks. Für dieses Volk ist die Arbeit grundlegend, und Arbeit heißt hier unerbittliches, bewußtloses, angstvolles Sichdurchbringen, eben »Existenzkampf«. Die Glaubwürdigkeit von Josefines Kunst hat darin ihre Basis. Nur als selbst Betroffene, nur aus der Mitte des Elends, verleiht sie diesem Leben zwingend Gestalt. Allein deshalb lassen sich auch kritische Zuhörer von ihrem Gesang ergreifen. Ohne diese Grundlage ist Josefines Gesang ein jämmerliches Piepsen, insofern kann »das Volk« tatsächlich »Geschenke nur geben, niemals empfangen«.

Von alledem weiß die gefeierte Künstlerin nichts. »Wie konnte sie diese Macht erwerben, da sie diese Gemüter so wenig kennt?« Auf ihre Weigerung, nicht mehr zu singen, reagiert das Volk der Mäuse mit Gleichmut. Der Erzähler schätzt den Verlust nicht allzu hoch ein. Denn genaugenommen hat Josefines Kunst eigentlich nichts zur Sprache gebracht, sondern nur an diese Möglichkeit erinnert. War ihr Pfeifen »denn noch bei ihren Lebzeiten mehr als bloße Erinnerung? Hat nicht das Volk in seiner Weisheit Josefinens Gesang, eben deshalb, weil er in dieser Art unverlierbar ist, so hoch gestellt?«

Fragen, die der Erzähler nicht beantwortet. Aber für die gewesene Sängerin sagt er voraus, daß sie »erlöst« werden, ja »fröhlich sich verlieren [wird] in der zahllosen Menge der Helden unseres Volkes und bald, da wir keine Geschichte treiben, in gesteigerter Erlösung vergessen sein wird wie alle ihre Brüder.« Es ist freilich eine Erlösung »von irdischer Pla-

Man kann es sich eingestehn: an Josephine fordert manches zum Lachen auf; und an und für sich ist uns das Lachen immer nah; trotz allem Jammer unseres Lebens ist ein leises Lachen bei uns gewissermaßen immer zu Hause; aber über Josephine lachen wir nicht. Manchmal habe ich den Eindruck, das Volk fasse sein Verhältnis zu Josephine derart auf, daß sie, dieses zerbrechliche, schonungsbedürftige, irgendwie ausgezeichnete, ihrer Meinung nach durch Gesang ausgezeichnete Wesen ihm anvertraut sei und es müsse für sie sorgen; der Grund dessen ist niemandem klar, nur die Tatsache scheint festzustehn.

›Josephine, die Sängerin oder das Volk der Mäuse‹

ge«, wie sie Josefine versteht. Ihr Volk kann nicht erlöst werden. Ihm bleibt allenfalls eine Erinnerung an die Freiheit. Eine Erinnerung, die sich zuweilen der Kunst und der Künstler
bedient, um nicht ganz zu verblassen.

Ende April geht das Manuskript der Erzählung an den Verlag Die Schmiede, und der Satz für Kafkas Buch ›Der Hungerkünstler. Vier Geschichten‹ kann beginnen. Im Nachhinein
liest sich der Titel wie eine Vorhersage, denn der geschwolle-
ne Kehlkopf Kafkas läßt die Aufnahme fester Nahrung nicht
mehr zu. Auch der Autor selbst hat seiner ›Josefine‹ diese
Prophetie zugeschrieben. Das Sprechen fällt ihm immer
schwerer, zuletzt verständigt er sich mit seiner Umgebung
nur noch schriftlich.

Schon Anfang Mai hatten Kafkas Ärzte die Aussichtslosigkeit ihrer Bemühungen eingestanden. Am 6. Mai trifft Robert
Klopstock in Kierling ein, um mit Dora Diamant die Betreu-
ung des Todkranken zu übernehmen. Die Hoffnung, »auf
dem Sterbebett […] sehr zufrieden« zu sein, erfüllt sich nicht,
die Schmerzen sind zu groß. Er bittet Klopstock um Morphi-
um, bekommt Alkoholinjektionen und Pyramidon.

Seine Schwester Ottla, sein Schwager Karl Hermann, sein
Onkel Siegfried Löwy besuchen ihn, selbstverständlich kommt
auch Max Brod nach Kierling. Gegen den Besuch seiner Eltern
leistet der Patient hinhaltenden Widerstand. Die Fahnen des
neuen Buches korrigiert Kafka auf dem Krankenlager, und
noch am 2. Juni liest er die Umbruchabzüge des ersten Bogens.
Am nächsten Tag stirbt er – einen Monat vor seinem 41. Geburtstag.

Was so blödsinnig beschönigend letzte Ruhestätte heißt, findet Franz Kafka doch wieder in Prag. Viele pilgern heute zum

Lieber Robert, nein, keine Reise, keine so wilde Tat, wir werden auch ohne das zusammenkommen, auf stillere, den schwachen Knochen entspre-
chendere Art. Vielleicht – eigentlich denken wir ernstlich daran – kommen wir bald nach Prag, käme ein Wienerwaldsanatorium in Betracht,
dann gewiß. Ich wehr mich gegen ein Sanatorium, auch gegen eine Pension, aber was hilft es, da ich mich gegen das Fieber nicht wehren kann.
38 Grad ist zum täglichen Brot geworden, den ganzen Abend und die
halbe Nacht.

An Robert Klopstock, Anfang März 1924

Jüdischen Friedhof im Stadtteil Strašnice und suchen den doppelkonischen Stein, der inzwischen auch als Beispiel für den Prager Kubismus einen festen Platz in den Stadtführungen hat. Seine Kristallform läßt einerseits an das Licht als Symbol der Ewigkeit, andererseits an die Erde als Sinnbild des Vergänglichen denken. Auf der Fläche zum Weg hin stehen unter Franz Kafkas Namen auch die seiner Eltern (Hermann Kafka, 1852–1931 / Julie Kafka, 1855–1934). Eine Tafel auf dem Grab erinnert an Kafkas drei Schwestern. Anders als ihren Bruder hat sie kein früher Tod davor bewahrt, in den Vernichtungslagern der Nationalsozialisten umzukommen.

Mit dem Einmarsch deutscher Truppen in die Tschechoslowakei 1939 endet auch die Geschichte der Pragerdeutschen Literatur. Und zu den postumen Triumphen der Nazibarbarei gehört, daß nach dem Zweiten Weltkrieg selbst jene deutschen Autoren das Land verlassen mußten, die sich der kommunistischen Partei angeschlossen hatten. Die Werke Franz Kafkas sollten den Menschen in seinem Heimatland erst wieder wirklich zugänglich sein, als ihnen der Sinn kaum mehr nach Lesen stand.

Die Nachrufe auf Franz Kafka waren spärlich. Unter ihnen ragt der von Milena Jesenská heraus, die 1944 im Frauenlager Ravensbrück sterben sollte. Den wenigen hellsichtigen Fürsprechern zu Kafkas Lebzeiten gesellten sich unmittelbar nach seinem Tod immerhin Rudolf Kayser, damals Heraus-

Liebste Eltern, also die Besuche, von denen Ihr manchmal schreibt. Ich überlege es jeden Tag, denn es ist für mich eine sehr wichtige Sache. So schön wäre es, so lange waren wir schon nicht beisammen, das Prager Beisammensein rechne ich nicht, das war eine Wohnungsstörung […]. Das und vieles andere spricht für den Besuch, aber zu viel spricht dagegen. […] Die Schwierigkeiten der ersten Zeit hier um und in Wien kennt Ihr, sie haben mich etwas heruntergebracht, sie verhinderten ein schnelles Heruntergehn des Fiebers, das an meiner Schwächung arbeitete; die Überraschung der Kehlkopfsache schwächte in der ersten Zeit mehr, als ihr sachlich zukam – […] Das alles wirkt zusammen, daß ich trotz meiner wunderbaren Helfer, trotz guter Luft und Kost […] noch immer nicht recht erholt bin, ja im Ganzen nicht einmal so imstande, wie etwa letzthin in Prag. Rechnet Ihr noch hinzu, daß ich nur flüsternd sprechen darf und auch dies nicht zu oft, Ihr werdet gern auch den Besuch verschieben.
Letzter Brief Franz Kafkas an die Eltern, geschrieben wahrscheinlich am 2. Juni 1924, also einen Tag vor seinem Tod

57 Grabstätte Franz Kafkas und seiner Eltern auf dem jüdischen Friedhof in Prag

geber der ›Neuen Rundschau‹, und Anton Kuh hinzu. Eine breitere literarisch interessierte Öffentlichkeit erkannte den außerordentlichen Rang dieses Autors, als Max Brod zwischen 1925 und 1927 die Romanfragmente herausgab.

Seit dem Zweiten Weltkrieg aber gibt es kaum eine Richtung, die nicht in den Spiegel Kafka geblickt und sich wiedererkannt hätte. Die erstaunliche Karriere seines Werks verdankt sich zweifellos seinem Deutungspotential. Oft hatten die schlichten Leser Mühe, dem Enthusiasmus der Interpreten zu folgen. Daß Franz Kafka einer der bedeutendsten deutschsprachigen Autoren des 20. Jahrhunderts ist, steht dennoch außer Zweifel.

Er starb, und kein Causeur-Hahn krähte nach ihm ... Warum? Aus literarischer Unbildung? Oder weil der Verstorbene der edlen Minorität beizuzählen war und nicht den Zeitungsgefälligen? Mag sein. Aber der Hauptteil lag sicher darin, daß dieser Franz Kafka, in dessen äußerlich knappem Werk Sprache endlich wieder ein Gesicht trägt, nirgends der affektierten Verhimmelung und Anbiederung Stoff gab, weil er eben völlig und in seinem Ja so gut wie in seinem Nein jenseits der Zeitungswelt lebte, ein Insasse der einsamen Dreidimensionalität der Kunst.

Anton Kuh (1890–1941), Wiener Schriftsteller und Kritiker, in der ›Stunde‹,
sieben Tage nach Kafkas Tod

Zeittafel

1883   3. Juli: Geburt Franz Kafkas als
erstes Kind der Eheleute Hermann (1852–1931) und Julie
Kafka, geb. Löwy (1856–1934).

1889–1893   Besuch der Volksschule am
Fleischmarkt. Mitschüler ist Hugo Bergmann (1883–1975), der le-
benslang zu seinen Freunden
gehören wird.

1889   22. September: Geburt der ältesten Schwester Gabriele (Elly);
am 25. Dezember 1890 wird Valerie (Vally) und am 29. Oktober
1892 Kafkas »Lieblingsschwester« Ottilie (Ottla) geboren.

1893–1901   Besuch des Altstädter
Deutschen Gymnasiums im
Kinsky-Palais. Hier beginnt die
über Jahre (bis etwa 1904) dau-
ernde enge Freundschaft mit
dem früh verstorbenen Oskar
Pollak (1883–1915); wichtig wird
später auch die Freundschaft mit
Ewald Felix Pribram (1883–1940).

1901–1906   Jurastudium an der k. k.
deutschen Karl-Ferdinands-Uni-
versität zu Prag, nebenbei hört
Kafka Vorlesungen in Kunstgeschichte und in Germanistik.

1902   23. Oktober: Erste Begegnung
mit Max Brod, Beginn der lebens-
langen, engen Freundschaft.

1904   Kafka beginnt mit der ›Beschreibung eines Kampfes‹, seinem
frühesten erhaltenen Text.

1905   Erster von vielen Sanatoriums-
besuchen, hier im österreichisch-
schlesischen Zuckmantel. Etwa
gegen Ende des Jahres beginnen
die regelmäßigen Zusam-
menkünfte mit Oskar Baum
(1883–1941), Max Brod und Felix
Weltsch (1884–1964), nach Max
Brod der »Prager Kreis«.

1906   Am 18. Juni Promotion zum
Doktor der Rechte, ab 1. Oktober
gerichtspraktisches Jahr.

1907   Am 1. Oktober wird Kafka Aushilfskraft in der Prager Niederlassung der Assicurazioni Generali, einer privaten italienischen
Versicherungsgesellschaft.

1908   Im März bringt die Zweimonats-
zeitschrift ›Hyperion‹ acht kleine
Prosastücke Kafkas – es ist seine
erste Veröffentlichung. Am 30.
Juli tritt Kafka als Aushilfsbeamter in die Arbeiter-Unfall-Versicherungsanstalt für das Königreich Böhmen ein.

1909   Im Frühsommer Beginn der Ta-
gebuchaufzeichnungen, erste
Reise mit Max Brod (und dessen
Bruder Otto).

1910   Prosatexte unter dem Titel ›Be-
trachtungen‹ erscheinen in der
Prager deutschsprachigen Tageszeitung ›Bohemia‹, im Oktober
fährt Kafka mit Max und Otto
Brod nach Paris. Näherer Kontakt zu Franz Werfel.

1911   Reise mit Max Brod nach Lugano,
Norditalien und Paris (26. August bis 13. September). Am 4.
Oktober besucht Kafka erstmals
eine Aufführung der Lemberger
ostjiddischen Theatertruppe, die
in Prag gastiert.

1912   13. August: Erste Begegnung mit
Felice Bauer, der sich ab September die gewaltige Korrespondenz
anschließt. Es entstehen die ersten bekannten Erzählungen ›Das
Urteil‹ und ›Die Verwandlung‹.
Außerdem beginnt Kafka mit
der Arbeit am ›Verschollenen‹,
seinem ersten Roman(fragment).
Im Dezember veröffentlicht der
Ernst Rowohlt Verlag in Leipzig
sein erstes Buch, den Band ›Be-
trachtungen‹.

1913   Seit dem 1. März ist Kafka Vicesekretär der Anstalt. Ende Mai
erscheint ›Der Heizer. Ein Frag-

ment‹ (ursprünglich das erste Kapitel des Romans ›Der Verschollene‹) im Kurt Wolff Verlag.

1914 1. Juli: Felice Bauer und Franz Kafka feiern offiziell Verlobung in Berlin. Am 12. Juli folgt die Entlobung im Berliner Hotel Askanischer Hof, an der Seite Kafkas ist der Schriftsteller Ernst Weiß. Anfang August beginnt Kafka mit der Arbeit am ›Proceß‹; von den bekannten Erzählungen entsteht jetzt ›In der Strafkolonie.‹ Bei Ausbruch des Krieges erwägt Kafka, sich freiwillig zu melden. Er zieht am 3. August in die Wohnung seiner Schwester Valli und wohnt damit zum ersten Mal getrennt von seinen Eltern. Anfang September bezieht er die Wohnung seiner Schwester Elli, nachdem sie mit ihren Kindern zu den Eltern (und ins Zimmer von Franz) gezogen ist.

1915 Aufgabe des ›Proceß‹-Vorhabens. Am 23./24. Januar erste Begegnung mit Felice Bauer nach der Entlobung. Schneller Wechsel der ersten eigenen Zimmer. Im Oktober gibt Carl Sternheim die mit dem Fontane-Preis verbundene Geldsumme »als Zeichen seiner Anerkennung« an Kafka weiter.

1916 Die Beziehung zu Felice Bauer gewinnt wieder an Intensität. Vom 2. bis 24. Juli gemeinsamer Urlaub in Marienbad, zweite Verlobung. Am 10. November liest Kafka in der Münchener Galerie Goltz seine Erzählung ›In der Strafkolonie‹. Ab 26. November kann er nachts im Alchimistengäßchen ungestört arbeiten. Seine Schwester Ottla hat das winzige Häuschen angemietet; dort entstehen einige seiner bekanntesten Erzählungen.

1917 Im offiziellen Bericht seiner »Anstalt« erscheint auch Kafkas

›Kriegslage, Gefahrenklassen-Einreihung und Unfallverhütung‹. Umzug ins Schönborn-Palais auf der Prager Kleinseite. In der Nacht vom 12. zum 13. August Blutsturz, Beginn der Lungenkrankheit. Sein Arbeitgeber gewährt einen dreimonatigen Erholungsurlaub, der immer wieder verlängert werden muß. Am 12. September zieht Kafka zu seiner Schwester nach Zürau; während der folgenden Monate kommt er nur noch gelegentlich nach Prag. Erst am 22. November erfährt Kafkas Vater durch Ottla von der Erkrankung seines Sohnes (die Mutter noch einen Monat später). Am 25. Dezember löst Kafka die (zweite) Verlobung mit Felice Bauer, am gleichen Tag erscheint in der ›Österreichischen Morgenzeitung‹ ›Ein Bericht für eine Akademie‹.

1918 Wiederum lehnt der Arbeitgeber seinen Antrag auf Pensionierung ab, gewährt aber Erholungsurlaub. Kafka sammelt die Aphorismen aus den Oktavheften, mehrere Verleger wollen ihn als Autor gewinnen. Am 2. Mai beginnt er wieder zu arbeiten, seit Herbst nimmt er intensiven Hebräischunterricht. Bei Ausrufung der Tschechoslowakischen Republik am 28. Oktober liegt Kafka schwerkrank zu Bett; erst am 18. November kann er seinen Dienst wieder aufnehmen.

1919 Zur Genesung fährt Kafka nach Schelesen, dort lernt er Julie Wohryzek (1891–1944) kennen. Vermutlich Mitte September feiern sie Verlobung. Hermann Kafka wehrt sich heftig gegen die »unstandesgemäße« Verbindung; einige Wochen später schreibt der Sohn den ›Brief an den Vater‹.

1920 Trotz der langen Fehlzeiten ernennt die (jetzt tschechoslowaki-

sche) Anstalt Kafka zum Sekretär. Im Februar oder März
bittet Milena Jesenská (1896–1944)
um die Erlaubnis, den ›Heizer‹
ins Tschechische zu übersetzen.
Kurze Zeit später erste persönli-
che Begegnung in einem Prager
Kaffeehaus. Im Frühjahr erscheint, wiederum im Kurt Wolff
Verlag, ›Ein Landarzt. Kleine
Erzählungen‹. Am 3. Mai fährt
Kafka für beinahe drei Monate
zur Kur nach Meran. Es beginnt
ein intensiver Briefwechsel mit
Milena, im Anschluß an den Me-
raner Aufenthalt treffen sie für
einige Tage in Wien zusammen.
Am 15. Juli heiratet Ottla Josef
David. Nach sehr langer Pause
beginnt Kakfa in der Nacht vom
19. zum 20. August wieder literarisch zu arbeiten.
Am 18. Dezember geht es aber-
mals in eine Kur, Ziel ist Matliary in der Hohen Tatra.

1921 Ende der Beziehung zu Milena
Jesenská. In Matliary lernt Kafka
Robert Klopstock (1899–1972)
kennen. Die Anstalt bewilligt
mehrere Anträge auf Urlaubs-
verlängerung. Kaum gegründet
(erstes Erscheinen 28. März),
veröffentlicht die (halbamtliche)
›Prager Presse‹ am 3. April einen
Kafka-Text. Rückkehr aus Matliary Ende August, Anfang Oktober Übergabe seiner Tagebücher an Milena. Auftrag an Max
Brod, nach Kafkas Tod dessen
ganzen schriftlichen Nachlaß zu
vernichten.

1922 Ab 27. Januar Aufenthalt in Spin-
delmühle, Beförderung zum
Obersekretär. Beginn des letzten
Roman-Projekts ›Das Schloß‹.
Nach der Rückkehr aus Spindel-
mühle (17. Februar) entsteht ›Der
Hungerkünstler‹. Aufenthalt in
Plana, wo Ottla ein Sommerdo-
mizil gemietet hat. Pensionierung
Kafkas zum 1. Juli 1922. Ende

August Abbruch der Arbeit am
›Schloß‹-Roman. Kafka schreibt
an verschiedenen Erzählungen;
einige werden vollendet. Wie-
derholung des Auftrags an Max
Brod, alle nichtveröffentlichten
Texte zu verbrennen (29. November).

1923 Im April kommt Hugo Bergmann
nach Prag, Kafka überlegt, mit
der Familie seines Jugendfreunds
nach Palästina auszuwandern.
Am 5. Juli Reise nach Müritz
(Ostsee), dort lernt Kafka Dora
Diamant (1898–1952) kennen. Am
23. September Abschied von
Prag, Reise nach Berlin. Zwei
gemeinsame Wohnungen mit
Dora in Berlin-Steglitz; sie leben
dort dank der Unterstützung
aus Prag. Kafka beginnt wieder
zu schreiben; Ende des Jahres
heftige Fieberanfälle.

1924 1. Februar: Dritter und letzter
Umzug innerhalb Berlins. Be-
such des Rezitators Ludwig
Hardt, der immer wieder Kafka-
Texte in sein Programm auf-
nimmt. Der Arzt Dr. Siegfried
Löwy, ein Onkel Kafkas, kommt
nach Berlin; er empfiehlt dringend einen Sanatoriumsaufenthalt. Kafka schließt für den
›Hungerkünstler‹-Band einen
Vertrag mit dem Berliner Verlag
›Die Schmiede‹. Am 17. März
zusammen mit Dora vorläufige
Rückkehr nach Prag; etwa ab
Anfang April entsteht mit
›Josephine, die Sängerin oder
das Volk der Mäuse‹ Kafkas
letzte Erzählung. Zeitgleich zeigen sich erste Symptome einer
Kehlkopftuberkulose. Kafka
fährt zur Kur nach Österreich,
zunächst ins Sanatorium Wienerwald. Am 9. oder 10. April
kommt Kafka in die Laryngologische Klinik von Prof. Hajek, am
19. April wechselt er ins Sanatorium Dr. Hoffmann in Kierling.

Anfang Mai konstatieren die behandelnden Ärzte die Aussichtslosigkeit ihrer Bemühungen. Mit Dora Diamant und Robert Klopstock verständigt Kafka sich über »Gesprächszettel«. Besuch von Schwester Ottla, Max Brod und Siegfried Löwy. Am 3. Juni stirbt Franz Kafka, am 11. Juni wird er auf dem Prager jüdischen Friedhof beigesetzt. Ende August erscheint der Band ›Ein Hungerkünstler‹, dessen ersten Umbruchsbogen er noch einen Tag vor seinem Tod korrigiert hat.

1941–1943 Alle drei Schwestern Kafkas sterben in den Vernichtungslagern der Nationalsozialisten.

Literatur

I. Kafkas Schriften

Verbindlich ist die ›Kritische Ausgabe der Werke von Franz Kafka. Schriften, Tagebücher, Briefe‹ (bei größeren Einheiten ergänzen sich Text- und Apparatband). Außerdem gibt es die ›Gesammelten Werke in Einzelbänden in der Fassung der Handschrift‹, mit Ausnahme der Briefe sind sie auch als Taschenbücher erhältlich. Die fünfbändige Edition der Briefe innerhalb dieser Ausgaben – chronologisch, also nicht nach Empfängern, geordnet – hat eben erst begonnen. Hier ist der Kommentarteil bzw. -band besonders aufschlußreich, ja erschließt die Korrespondenz eigentlich erst. Dennoch wird noch einige Zeit auf die adressatenbezogenen, teils sehr spärlich kommentierten älteren Ausgaben zurückgegriffen werden müssen. Die wichtigsten Briefkonvolute sind ebenfalls als Taschenbuch erschienen.

Brod, Max: Franz Kafka. Eine Freundschaft. Bd. I: Reiseaufzeichnungen, hrsg. v. Malcolm Pasley, Frankfurt/M. 1987; Bd. II: Briefwechsel, hrsg. v. Malcolm Pasley, Frankfurt/M. 1989

Kafka, Franz: Kritische Ausgabe der Schriften, Tagebücher und Briefe, hrsg. v. Jürgen Born, Gerhard Neumann, Malcolm Pasley und Jost Schillemeit, Frankfurt 1982 ff.

Kafka, Franz: Gesammelte Werke in zwölf Bänden. Nach der Kritischen Ausgabe in der Fassung der Handschrift hrsg. v. Hans-Gerd Koch, Frankfurt/M. 1994 (= Fischer Taschenbuch Band 12441–12452, darin die Tagebücher in den vier Bänden 12449–12451)

Kafka, Franz: Amtliche Schriften, hrsg. v. Klaus Hermsdorf, Berlin 1984

Kafka, Franz: Briefe an Felice und andere Korrespondenz aus der Verlobungszeit, hrsg. v. Erich Heller und Jürgen Born, Frankfurt/M. 1976 (= Fischer Taschenbuch Band 1697)

Kafka, Franz: Briefe an Milena. Erweiterte und neu geordnete Ausgabe, hrsg. v. Jürgen Born und Michael Müller, Frankfurt/M. 1986 (= Fischer Taschenbuch Band 5307)

Kafka, Franz: Briefe an Ottla und die Familie, hrsg. v. Hartmut Binder und Klaus Wagenbach, Frankfurt/M. 1974

Kafka, Franz: Briefe 1902–1924, hrsg. v. Max Brod, Frankfurt/M. 1958

Kafka, Franz: Briefe an die Eltern aus den Jahren 1922–1924, hrsg. v. Josef Čermák und Martin Svatos, Frankfurt/M. 1990 (ebenso als Fischer Taschenbuch Bd. 11323)

Wolff, Kurt: Briefwechsel eines Verlegers. 1911–1963, hrsg. v. Bernhard Zeller und Ellen Otten, Frankfurt/M. 1966. *Hier sind nicht nur Kafkas Briefe an den Verlag, sondern auch die Briefe des Verlags an Kafka abgedruckt.*

Die ›Historisch-Kritische Ausgabe sämtlicher Handschriften, Drucke und Typoskripte‹ ist das ehrgeizige Editionsunternehmen des Verlags Stroemfeld/Roter Stern. Der vollmundige (Projekt-) Titel formuliert bisher nur den Anspruch. Doch inzwischen bekam der Verlag die Erlaubnis zur Herausgabe der Original-Manuskripte, die in Oxford liegen, also etwa ⅔ des Gesamtbestands. Diese Edition hat nicht nur ihren Reiz, weil sie das Fragmentarische von Kafkas Schaffen am eindrucksvollsten widerspiegelt und sich die Schrift Kafkas ohne weiteres lesen läßt. Vor allem ist hier seine Arbeitsweise erkennbar: Bei aller Unsicherheit im Konstruktiven fallen die geringen Korrekturen im Text selbst auf, die eine Art traumhafte Sicherheit verraten.

II. Zur Biographie

Die Zeugnisse zu Kafka und seinem Leben sind außerordentlich zahlreich. Die interessantesten werden hier aufgeführt, soweit sie in Buchform erschienen sind.

Franz Kafka. Eine Chronik, zusammengestellt von Roger Hermes u. a., Berlin 1999

Hackermüller, Rotraut: Kafkas letzte Jahre. 1917–1924, München 1990

Koch, Hans-Gerd (Hrsg.): »Als Kafka mir entgegenkam…«. Erinnerungen an Franz Kafka, Berlin 1995

Northey, Anthony: Kafkas Mischpoche, Berlin 1988

Pawel, Ernst: Das Leben Franz Kafkas. Eine Biographie, München 1986 (auch als Rowohlt Taschenbuch 12486) – *Unter den ausführlicheren Lebensbeschreibungen nach wie vor*

die lebendigste und meinungsfreudigste. Eine souverän geschriebene Biographie über Franz Kafka.

Unseld, Joachim: Franz Kafka. Ein Schriftstellerleben. Die Geschichte seiner Veröffentlichungen, München 1983 (auch als Fischer Taschenbuch 6493)

Wagenbach, Klaus: Franz Kafka. Bilder aus seinem Leben, Berlin ²1994

Wagenbach, Klaus: Kafkas Prag. Ein Reiselesebuch, Berlin 1998

III. Sekundärliteratur

So zögernd die Kafka-Rezeption einsetzte, so unübersehbar ist sie geworden. Dabei waren der Autor und seine Werke nicht nur bevorzugtes Objekt der Literaturwissenschaft, sondern auch der Belletristik. Als Kronzeuge vieler Nachkriegs-Ismen, besonders auffällig des Existentialismus, geistert er durch Romane, Theaterstücke und Filme. Der Bezugspunkt wurde nicht dabei deutlicher. So muß sich die Hauptfigur in Philip Roths Roman ›Professor der Begierde‹ (dt. erschienen 1977) versichern: »Franz Kafka hat es wirklich gegeben«. Der Umgang mit Kafkas Werken seitens der dezidierten Sekundärliteratur ist ebenfalls ein Kapitel für sich. Immer wieder klingt an, daß Interpreten im Umgang mit seinen Arbeiten an ihrem eigenen Handwerk zweifeln, wenn nicht verzweifeln. 1994 resümiert Michael Müller: »Es kann wohl als singuläre Entwicklung innerhalb der deutschen Literaturwissenschaft gelten, daß man sich in dem Maße, in dem die Sekundärliteratur über sie immer mehr wuchs, zunehmend Gedanken über die prinzipielle Deutbarkeit der Werke eines Autors machte.« Fast ebenso geläufig ist die Interpretenschelte, nur als ein Beispiel sei hier Beda Allemann zitiert: »Reine Deutungs-Festspiele, wenn nicht Interpretationsorgien.« Nur ein Symptom der fortschreitenden Verunsicherung ist, daß immer wieder Arbeiten nun endlich die einzig gültige

*Deutung in Aussicht stellen. Noch 1998
gibt eine Untersuchung das Versprechen:
»Sie führt hin zu einem neuen Verständnis und einer positiveren Sicht auf Kafkas
Werk, die von keinem Liebhaber oder wis-
senschaftlich eingestellten Leser ignoriert
werden kann.« (Urs Seiler, Wege zum
Verständnis von Franz Kafka –* ›Der Pro-
cess‹ *als Dokument moderner Epik, Bern,
Berlin u. a. 1998).
Wir führen im folgenden vor allem die Zu-
sammenfassungen bzw. die Veröffentlichungen auf, die der weiteren Orientierung dienen können. Als Einstieg empfeh-
len sich immer noch die Arbeiten des viel-
geschmähten Max Brod, von denen aus
mehr Entwicklungslinien der Kafka-Deu-
tung ihren Ausgang nehmen, als die späteren Interpreten eingestehen (wollen).*

Anz, Thomas: Franz Kafka, München
²1992 (= Beck'sche Reihe 615)
Baioni, Guilano: Kafka – Literatur und
Judentum, Stuttgart/Weimar 1994
Beicken, Peter: Franz Kafka. Leben
und Werk, Stuttgart 1998
Beißner, Friedrich: Der Erzähler Franz
Kafka und andere Vorträge,
Frankfurt/M. 1983
Binder, Hartmut (Hrsg.): Kafka-Hand-
buch in zwei Bänden, Bd. I: Der
Mensch und seine Zeit; Bd. II:
Das Werk und seine Wirkung,
Stuttgart 1979
Binder, Hartmut: Kafka-Kommentar
zu sämtlichen Erzählungen,
München 1975
Binder, Hartmut: Kafka-Kommentar
zu den Romanen, Rezensionen,
Aphorismen und zum Brief an
den Vater, München 1976
Born, Jürgen (Hrsg.): Franz Kafka. Kritik
und Rezeption zu seinen Lebzei-
ten 1912–1924, Frankfurt/M. 1979
Bogdal, Klaus-Michael (Hrsg.): Neuere
Literaturtheorien in der Praxis.
Textanalysen von Kafkas ›Vor
dem Gesetz‹, Opladen 1993
Born, Jürgen (Hrsg.): Franz Kafka. Kri-
tik und Rezeption 1924–1938,
Frankfurt/M. 1983

Brod, Max: Über Franz Kafka [darin:
Franz Kafka. Eine Biographie;
Franz Kafkas Glauben und Lehre; Verzweiflung und Erlösung
im Werk Franz Kafkas], Frank-
furt/M. 1974
Brod, Max: Der Prager Kreis, Frank-
furt/M. 1979 (= suhrkamp
taschenbuch 547)
Caputo-Mayr, Maria Luise/Julia M.
Herz: Franz Kafka. Eine kom-
mentierte Bibliographie der Se-
kundärliteratur (1955–1980, mit
einem Nachtrag 1985), Bern und
Stuttgart 1987
Deleuze, Gilles/Félix Guattari:
Kafka. Für eine kleine Literatur,
Frankfurt/M. 1976 (= edition
suhrkamp 807)
Derrida, Jacques: Vor dem Gesetz. Eine
philosophierende Lektüre von
Kafkas Erzählungen, Wien ²1999
Eichenhofer, Eberhard: Franz Kafka
und die Sozialversicherung,
Stuttgart 1997
Franz Kafka. Text + Kritik Sonderband,
München 1994
Kaus, Rainer J.: Erzählte Psychoanalyse
bei Franz Kafka, Heidelberg 1998
Krolop, Kurt/Hans Dieter Zimmer-
mann (Hrsg.): Kafka und Prag,
Berlin/New York 1994
Robertson, Ritchie R.: Kafka. Juden-
tum Gesellschaft Literatur,
Stuttgart 1999 (Neuauflage)
Schärf, Christian: Franz Kafka. Poeti-
scher Text und heilige Schrift,
Göttingen 2000 (Vandenhoeck
und Ruprecht) – *In den letzten
Jahren zweifellos eines der wichtig-
sten Bücher über Kafka von Seiten
der Literaturwissenschaft. Die
scharfsinnige Studie gibt wegwei-
sende Begründungen zur Moder-
nität des Autors, stellt die zentrale
Bedeutung des Schreibens für Kafkas Schaffen und Leben heraus.*
Schirrmacher, Frank (Hrsg.): Verteidigung der Schrift. Kafkas Prozeß,
Frankfurt/M. 1987 (= edition
suhrkamp 1386)

Stölzl, Christoph: Kafkas böses Böhmen. Zur Sozialgeschichte eines Prager Juden, München 1975

Zischler, Hanns: Kafka geht ins Kino, Reinbek 1996

IV. Kafka auf Video, CD-ROM, Audio-CD und Hörcassetten

Ich bin einsam wie … Franz Kafka und Friedrich Hölderlin. Ein möglicher Briefwechsel. Gesprochen von Frank Arnold und Andre Jung. Audio-CD – Universal Music; Deutsche Grammophon

Kafka. Videocassette, 95 Min., Regie: Steven Soderbergh. Mit Jeremy Irons u. a. 1993

Franz Kafka, Stehender Sturmlauf. Leben und Werk Franz Kafkas. Sprecher: Alexandra Maetz und Rufus Beck, 2 Cassetten, 180 Min.,1998 (DHV)

Kafka in Prag. Stehender Sturmlauf. Eine virtuelle Reise in Kafkas Welt. Für Windows 95. Von Heribert Kuhn und dem King Kong Kunstkabinett. CD-ROM mit über 50 Großpanoramen sowie 4 Std. Werklesungen, 1998 (Terzio; Krieger, Zander & Partner)

Register

Bildnachweis

*Die Rechte der hier nicht aufgeführten
Abbildungen liegen beim Herausgeber oder
konnten nicht ausfindig gemacht werden.
Berechtigte Ansprüche werden selbstverständlich angemessen abgeglichen.*

dtv portrait

Herausgegeben von Martin Sulzer-Reichel
Originalausgaben

Biographien bedeutender Frauen und Männer aus Geschichte, Literatur, Philosophie, Kunst und Musik